中国预备警官在美国

The Experience of Chinese Cadets in U. S. A

主　编：金　诚
副主编：俞秋明　丁靖艳

中国人民公安大学出版社
·北　京·

图书在版编目（CIP）数据

中国预备警官在美国／金诚主编．—北京：中国人民公安大学出版社，2012.5
ISBN 978-7-5653-0052-3

Ⅰ.①中…　Ⅱ.①金…　Ⅲ.①公安工作—对比研究—中国、美国　Ⅳ.①D631②D771.235

中国版本图书馆 CIP 数据核字（2012）第 093426 号

中国预备警官在美国

主编　金　诚

出版发行：中国人民公安大学出版社
地　　址：北京市西城区木樨地南里
邮政编码：100038
经　　销：新华书店
印　　刷：北京泰锐印刷有限责任公司

版　　次：2012年5月第1版
印　　次：2012年5月第1次
印　　张：14.5
开　　本：787毫米×1092毫米　1/16
字　　数：215千字

书　　号：ISBN 978-7-5653-0052-3
定　　价：45.00元

网　　址：www.cppsup.com.cn　www.porclub.com.cn
电子邮箱：zbs@cppsup.com　zbs@cppsu.edu.cn

营销中心电话：010-83903254
读者服务部电话（门市）：010-83903257
警官读者俱乐部电话（网购、邮购）：010-83903253
法律分社电话：010-83905745

序

随着我国社会经济快速发展和对外交往不断扩大，在国际警务执法合作、打击跨国犯罪和非传统安全领域等方面对警务人才培养提出了新的需求。为此，浙江警察学院从2004年起着手开展“国际警务合作人才培养新模式”的研究与实践，并依托浙江省重点专业、国家级特色专业和人才培养模式创新实验区等平台，通过与美国山姆·休斯顿州立大学刑事司法学院开展国际合作，积极探索和不断完善国际警务合作人才培养新模式，初步形成了“以卓越国际警务合作人才培养为目标，以中外合作、校局合作为培养方式，以国际化师资团队为保障，以国内外警务实习基地为平台”的学科交叉、多元文化、多导师制人才培养新模式，促进了具有创新精神和团队合作的高素质、复合型、国际化卓越警务人才培养。

为让学生体验美国现代警务机制，学院与美国山姆·休斯顿州立大学刑事司法学院、得克萨斯州执法培训中心共同在美国得克萨斯州艾尔文（Alvin）和黎哥市（League City）警察局建立“海外警务见习基地”，聘请资深警察担任见习教官，组织赴美留学生开展体验式警务见习，全方位、零距离地体验美国警务。见习期间，学生们还走进当地警员的家庭，与他们一同生活，体验美国普通警察的家庭生活，增进中美警察间的友谊，为今后从事国际执法合作打下良好基础。至今，共有三批国际警务班赴美留学区队的同学完成了海外警务见习活动。

经过近六年的建设，“国际警务合作人才培养模式创新实验区”硕果累累，人才效应显著：学生英语应用能力强，近3年国际警务班同学在全国性英语大赛中获得一、二等奖15人次；学生研究与实践能力突出，在2011年美国山姆·休斯顿州立大学刑事司法学院第三届本科生科研年会上，学院2008级国际警务班赴美留学区队同学包揽了本届年会的所有奖项；学生综合素质过硬，在2010年上海世博会护城河保卫以及深圳第26届世界大学生运动会安保工作中，同学们充分发挥外语和专业特长，出色完成了安保任务；毕业生因综合素质和外语水平高、警务技能强、国际警务合作业务熟等深受用人单位欢迎和好评。国际警务合作人才培养模式得到了公安部国际合作局、我驻美警务参赞、我驻美休斯顿总领事馆教育参赞以及公安实务部门等的充分肯定和赞誉。《光明日报》、《中国教育报》等国内主流媒体相继作了报道。

创建国际警务合作人才培养新模式，既是我院培养高素质、复合型、国际化卓越警务人才的一次有益尝试，也是贯彻《国家中长期教育改革和发展规划纲要》（2010－2020年），推动公安高等教育国际化路线的大胆实践。该人才培养模式的构建与实践，必将起到以点带面、辐射引领的作用，它不仅推动学院各项教育教学工作的改革，对全国公安高等院校的人才培养模式创新和教育教学改革也将起到一定的示范和引领作用。

本书记录了“国际警务合作人才培养模式创新实验区”2007级和2008级赴美留学区队师生们在美学习、生活和警务见习的点滴感受，读来亲切、感人。我为同学们不断地成长和成熟感到由衷的高兴。希望同学们在毕业之后，积极投身到公安实践当中，不断锤炼，成为国家需要的卓越警务人才！

是为序。

浙江警察学院院长

傅国良

二〇一二年四月

责任、克难、励志、合作

——主编的话

看着照片上的一个个阳光少年，读着一篇篇记录他们成长的感性文字，我也仿佛回到了激情飞扬的学生时代。他们得“天时、地利、人和”，幸运地生活在这个国际化的时代，幸运地成为浙江警察学院的一名预备警官，又幸运地成为涉外警务专业国家级“国际警务合作人才培养模式创新实验区”项目的一员。同学们是幸运的，但同时也是非常努力的。在赴美留学的一年中，同学们以“责任、克难、励志、合作”的精神严格自律，出色地完成了赴美留学期间的各项任务。他们品学兼优，他们为学校争得了荣誉，更塑造了中国预备警官们的良好形象。

浙江警察学院涉外警务专业赴美留学项目，并不是一项普通的中外合作办学项目。学院把同学们成建制地送到美国留学，也并不是简单地让他们留洋镀金。该项目的人才培养目标是培养高层次、复合型、创新型、具备从事国际执法合作素质和能力的卓越警务人才。围绕这一目标，学校量身订制了人才培养方案，精心设计课程，对项目采取科学的运行和管理。无论是国内的两年学习，还是美国的一年留学，以及最后一年国内的公安机关实习，同学们始终肩负着责任和使命。从事国际警务执法合作，这是一项十分崇高的事业。用心地培养同学们的事业心和责任意识，是我们人才培养的宗旨。

同学们一年的赴美留学生活，并非一帆风顺，他们需要克服各种困难和挑战。首先是语言关。虽说同学们经历了赴美留学的层层选拔，也通过了托福考试，但要在美国与同学和老师实现同步交流，听懂专业课程，难度很大。在赴美学习的最初几个月里，同学们自发地组成学习小组，每天在图书馆挑灯夜战，拼命学习。其次是写作关。同学选修的专业课程，均要求撰写英文小论文。美国大学对学术规范的要求非常严格，刚开始由于同学们对学术规范不了解，在学习中也遇到了一些困难和曲折。一分耕耘，一分收获，功夫不负有心人，同学们几乎以全优的成绩圆满地完成了一年的学业，让美国的教授和同学们由衷地佩服。

国际警务合作班的同学们，可以说是浙江警察学院校园里最忙碌、最刻苦的一个集体。他们学习目标明确，自我激励，崇尚竞争，成为学院学风最好的一个集体。他们身上的励志精神，激励着学院其他专业的同学，对弘扬正气、培育良好的校风和学风起着引领和示范作用。在美留学期间，同学们以这种励志精神，克服困难，不断迎接挑战，他们以自己的实际行动为学弟、学妹们率先垂范。

团队合作，是从事国际警务执法合作最为重要的素质。同学们分工协作，建立网站和博客，设计区队徽标，处处体现了国际警务合作班的团结合作意识。同学们遇到困难，也互相帮助，不离不弃。寒假期间，2008级同学们赴纽约参观，突遇百年难遇的暴风雪，航班临时取消，在班主任的带领下，17名师生团结一致，穿梭在冰雪覆盖的纽约街头，克服重重困难，平安返回学校。在美国山姆·休斯顿州立大学刑事司法学院组织的本科论文比赛中，同学们依靠团队配合，囊括了比赛的所有奖项。在美期间，同学们还在老师的指导下策划完成了“中国之夜”、“中国电影节”等活动，被中国驻休斯顿领事馆周海波领事评价为“传播中国文化的民间大使”。团队精神的培养，贯穿于国际警务合作创新人才培养的始终。团队精神，是同学们克服困难的法宝，也是今后从事国际警务执法合作的根本保证。

本书图文并茂，可读性很强。这些作品都是同学们的原创，也是学院涉外警务专业“国际警务合作人才培养模式创新实验区”培养的第一批“成果”的写真和剪影。饮水思源，这些成果的取得，来之不易，应归功于上级领导与学院领导的高瞻远瞩和科学决策，归功于学院一直秉持开放办学的先进理念，归功于学院领导的亲历亲为和学院各部门的精诚合作，归功于学生家长的信任和支持，归功于实验区团队的齐心协力和默契配合。

衷心祝愿实验区的同学们再接再厉，在今后的工作岗位上大显身手，早日担负起国际警务执法合作这一光荣的职责和使命！

金　诚

二〇一二年三月

目录 Contents

中国预备警官在美国

08 国际警务班

中国预备警官在美国

目录

Contents

前言：我们的故事

张 雪

人生的道路有千千万万种，有的迂回百转，走完它需要顽强的毅力与坚定的信心；有的光芒闪耀，抵不住诱惑的人在其中沉醉迷失，找不到自我；有的布满荆棘，过关斩将者的鲜血与鲜花一齐绽放，诠释生命不息、奋斗不止的深刻含义……而我们，正当人生最美好的20年华，仍然相信被世人所嘲笑的一切，仍然执著于最初的梦想；入校时那响彻云霄的从警宣誓仍在耳畔萦绕，时刻提醒着我们无论何时何地都要将预备警官的身份牢记；正走在象牙塔与社会熔炉之间的我们，眼看着熔炉的灼热气焰已经开始炙烤我们的棱角，眼神中有困惑迷茫，心中有不舍流连，却依然不顾一切、奋勇向前。

那年，我们20出头，躁动的心向往着外面的世界。于是当幸运之神将门敲响时，我们不顾一切地选择了这条看似金光闪闪，却困难重重的赴美访学之路。

那年，我们告别母校浙江警察学院，踏上艰辛的美利坚求学之路。鼓鼓的行囊中，满载的是母校的嘱咐、家人的牵挂、从警的梦想……

那年，我们一起经历风雨的洗礼。分别由16名学生和一名老师组建而成的07级和08级国际警务合作班赴美访学区队，与其说是一个区队，不如说是一个集体、一个家庭，一个寄托乡愁、互相依傍的避风港。

10个月的时间里，我们一起击破“语言壁垒”和“文化壁垒”，挺过初来乍到时的处处碰壁，一起在美国警局实习，一起旅游探险，逐渐融入美国人的学习与生活；10个月的时间里，我们一起策划、举办中国除夕宴、中国电影周，一起站在领奖台上横扫所有奖项，让成绩见证中国人的自强不息，为中华文化的传承与弘扬贡献自己的一份绵薄之力；10个月的时间里，我们绽放成功的笑颜，也曾洒下失败的泪水，所有的酸甜苦辣无不见证着我们青春的痕迹与梦想的放逐。而在这所有欢笑与泪水的背后，尽管远隔重洋，尽管身在异乡，有一股力量始终支撑着我们——那就是警院，这个培育了我们直面失败的勇气和劈风斩浪的气魄的母校，这个令我们“饮水思源”、时刻惦念的家。昨天，警院把我们送出国门；今天，我们所有的梦想成为可能。

如果你爱明媚多彩的春日，也爱慵懒惬意的冬日；

如果你爱红枫绚烂的秋日，也爱青春逼人的夏日；

如果你爱生活、爱梦想，

那么，你也一定会爱上得州，想要体验一下这片土地上我们用汗水与泪水书写的明媚青春，我们一起走过的故事。

07 国际警务班

差距？差异？

2007级国际警务合作班赴美访学区队班主任 丁靖艳

转眼三年时间过去了，回想当年带着16名学生登上飞往大洋彼岸的航班，似乎已久远，记忆也依稀。唯独当时那种举重若轻的“豪情”，还留存在脑海的某个角落。作为学院第一支赴国外交换学习的团队，作为可能在国内也是首支成建制的预备警官海外学习团队，我们团队存在的意义，远比成效更加重要和值得关注。所以，当我们微笑着告别领导和家人的时候，心底都背着一副重重的担子，祖国的尊严，警察的形象，人身的安全，学业的有成已然是我们心照不宣的使命。当然，登上传说中美利坚的土地，我们也满怀憧憬，期待着找到彼此的差距，满载而归。

迎面而来的一声“Hi”，只不过来自路人甲或路人乙。习惯了混凝土森林中，人与人渐渐疏离的我们，在这几乎看不到高层建筑的异国他乡的土地上，顿时少了些许初来乍到的陌生感。

所谓的新生入学教育花去了整整一天的时间，内容五花八门，短小而精炼，交代了从学习到生活再到娱乐的方方面面，像个大学“黄页”，也不失集中而高效。

坐在课堂中，与其说教授充分利用课堂有限的时间授业，倒不如想象一下，教授都是一副“去吧，好好消化我所提到的内容吧”的模样。围绕教学指南，一切自主，一切是个人的造化。

科研论坛上，学生们凭着满腔热情，抛出一个个令人惊奇而激动的论题，如“迪斯尼人物形象对青少年犯罪的影响”等。不得不佩服，这些学生的充分想象和高超的推断能力。

与地方警察并肩巡逻，他们会时刻提醒，巡逻至社区巡逻车要保持车速在5英里/小时，不管什么天气都要打开车窗，这样才能看到、听到异样的动静，而这正是美式社区警务的真谛。

上述的种种，不禁会让人感叹“这就是差距”。

记得，一位美国教授在我们学生获得本科生学术研讨会二等奖之后，对我说道：“当你们报名的时候，我简直不敢相信，凭你们这群一年的交换生就要与美国学生同台竞技？但是，我现在不得不承认你们做到了。”

而一起深夜巡逻的地方警察，又会颇有感触地提起，“你们中国人很讲求团队，很注重合作，我们非常羡慕”。是呀，在美国警方的培训中团队建设是一项非常重要的科目。说不定可以理解为“缺什么，补什么”。

看着整个团队，咬着牙应对新的教学环境和教学模式，有过泪水，有过沮丧；放弃长长的春假，沉浸在几乎无人的图书馆里奋笔疾书，有过争论，有过彷徨；与地方警察短短的并肩作战的机会，有过好奇，有过怯懦。但是，我们有着美国学生都不了解的美国历史知识；我们有着坚持，坚持，再坚持的韧性；我们也有着不断探索和选择挑战的勇气；我们更有着泱泱大国的以理服人，以礼待人的品质。这一切的一切让我们有了被人羡慕，被人尊重的资本和资格。

2007级国际警务合作班赴美留学全体师生与韦伯院长合影

所以，与其说远渡重洋是寻找差距，倒不如说分辨差异更加贴切。差距是有落差的，而差异是彼此的。互敬互重，互通有无，方是大国之间的交往态度。差异可以看成是文化、社会背景之下的产物，不能否认，不能逃避，学会接收，学会直面，不要盲目自大，也无需妄自菲薄，不卑不亢，客观而理性，有益而取之，有漏而补之。

一年之后，经历了很多，当我们踏上回程时，似乎反而轻松了很多，自如了很多，不为别的，只为一种释怀，大有举轻若重之感。而此时的轻和重已经不是彼时的概念。我们会把差异，这些细枝末节的轻，重重地看待，慎重地对待，因为，这将是未来合作和共赢的根本和基础，无论是国家的，还是警务的。

如今，这第一支团队的成员已经各自奔赴自己的工作岗位，尽管距离遥远不再朝夕相伴，尽管工作的位置不同很难并肩作战，但是，相信大家都心存珍惜，因为，曾经是那么近地直面差异，而差异给予了大家奋发的契机和勇气。

吴胜淼

个人简介

我的名字是吴胜淼，英文名 Leo，1989 年 8 月 15 日生于浙江温州。2007 年我考入浙江警察学院，现在温州市公安局出入境管理局工作，中共预备党员。

2007 年 9 月，我考入浙江警察学院，同年 9 月考入浙江警察学院首届国际警务合作方向班，2009 年顺利通过院内选拔考试，以优异的成绩入选首批浙江警察学院赴美访学学生代表团。访学期间学习成绩优异，GPA4 分（满分），并荣获美国山姆·休斯顿州立大学刑事司法学院第二届本科生年会学术论文二等奖。2010 年访学归来，我们立即投入到世博安保“环沪护城河”安保工作中。我在嘉善县公安局大云派出所，协助处理沪杭高速大云卡点查获各种可疑车辆、人员，其间一共协助处置了 100 多名公安部网上逃犯和 400 多名涉毒人员。2011 年 1 月，我和另外 10 名同学一起来到义乌市公安局进行毕业实习。我在义乌市公安局北苑派出所实习，师从治安警组警长，协助警长处理辖区刑事案件，参与破获多起系列性流窜盗窃大案。

2011 年 5 月，我提前结束毕业实习，返校参与学院援外工作。5 月协助治安系老师全程陪同接待得州警官研修团；6 月在温州参加中英跨国反绑架案件侦查指挥员培训班，担任会场翻译；同月，协助治安系老师组织“犯罪控制与警务战略”高端论坛。除此之外，在校期间，我还曾参与多期援外班工作，凭借出色的外语能力和认真负责的工作态度，得到了学院领导和老师的一致肯定。

小议中美警务分工差异

我曾经在嘉善县公安局大云派出所和义乌市公安局北苑派出所实习，对基层派出所警务工作有着自己的切身体会。2011 年下半年，我又到温州市公安局交警支队一大队一中队见习，对交通警察岗位也有了自己的点滴认识。我国现行的公安行政体制，多警种并存，各司其职，有其优势，但也有不足的地方。美国的警务模式也有警种的分工，在美国得州警局实习的生活使我们有更直观的感悟，其中一些可取之处，值得我们借鉴。

我国现行警务体制分工十分细致，各类警情均有相应的警种接警处置。例如，如果在国内城市道路发生交通事故，由交警负责接处警。若事故双方因此而发生纷争等治安事件，需辖区派出所出警受理治安事件，交警只负责认定交通事故双方责任。

和美国警局的朋友们在一起

而美国的警务体制分工相对大条，相对合一。美国警局的巡警对治安警情和道路交通警情均有处置权。巡警一般有自己的片区，对辖区实行“有警接警，无警巡逻”。道路交通违章、超速、未通过验审车辆查处等国内交警的工作，是美国巡警的重要工作内容，这与美国是“车轮上的国家”这一国情密不可分；同时，打架、盗窃等治安警情也是由巡警来完成的。一般巡警只负责接警、简单案件的办理，刑事案件直接移交刑警办理。

经过上百年的警务沿革，美国警务体制有诸多特色，其中警种分工方面的特色之处，值得我们借鉴。在实习期间有两类警员给我留下了深刻的印象：第一类是未成年人刑警，一般由女性担任，针对未成年人显著的心理特点，注重安抚未成年人，争取不给未成年涉案人员造成二次伤害。在她们的办公室内，常常有诸多的儿童玩具来转移未成年涉案人员的恐惧和害怕心理。第二类是专门负责看管证物证据箱钥匙，同时负责简单的刑事物证、痕迹鉴定的警员。在越来越注重让证据说话的警务时代，这样的举措，体现着美国警务注重证据保管，科学严谨的工作态度，同时发挥警员的最大能量，基层警局可消化一般的刑事科学技术需求。

美国警察的多警合一功能，给我们留下了深刻的印象，这与警局强调警员培训不无关系。美国警员接受培训的时间，有具体的要求，而且培训针对具体执法科目。一般警局均编撰有警察执法细则。反观国内，由于当前警力紧张，非警务活动过多占用警力等原因，一线执法民警接受系统科学在职培训的时间和机会非常有限，执法规范化有待进一步提高。

中美警务分工的差异，与中美两国各自的国情有重要的关系。但是，从整体警务历史发展角度出发，多警种合一，是世界警务分工的趋势，也是中国警务分工体制正在探索的方向，河南省已经率先开展警务模式改革，裁撤公安分局，整合派出所，由市公安局直接指挥派出所，派出所下设四队一室，具体进行勤务运转。

面对警务分工改革，我们还需充分认识到警察机构的“平民性”。现代警察之父罗伯特·比尔在警察机构设立之初就确立了“警察平民化”的立警原则。我国警察机构起步较晚，行政架构参照其他行政机构设置，如此，警察机构领导职位与其他行政机构相比较，领导岗位配备总是处于劣势，警察机构总有不断增设机构、提高机构级别的冲动也就可以理解了。警察机构应当建立一套自己的职务序列，在这一方面，欧美国家走得比我们更远，国内正在进行的职务套改等改革，可以充分予以借鉴。

美国梦

时光荏苒，匆匆之间，我们从美国归来已经一年多了。回想在美国的日子，只有一个词语最合适——“美国梦”，一个已经实现了的美国留学之梦，一个还在继续的未来之梦。

我们在纽约

如梦一般的行程，在航班抵达上海浦东机场的那一刹那，我们不约而同地感慨一声，美国梦醒了。在美国一年的求学经历，明明是那么的真实，身上在美国购买的衣服还可以用手触摸，感觉起来却是如此的虚无缥缈，因为无踪无影、无迹可寻，仿佛我们是从另外一个世界来的，和这里没有任何的关联。直到那天，在义乌接待得州警官研修团，艾文市和里格城的两位警局局长握着我的手说："It is amazing to see you here again，Leo！"时间仿佛在一瞬间回到了一年之前：我们在浦东国际机场那么忐忑不安地等待赴美的航班，不少同学抱着来送别的家长，流下了眼泪。我想这泪水里，有离家万里的感伤，也有未知的兴奋和激动。

在美国的日子里，留给我们印象最深的，当然是得州灿烂的阳光和蔚蓝的天空。热情友好的得州人民问我们中国有没有肯德基和麦当劳的时候，我们笑着说，我们都有，美国有什么，中国都有。他们总是如此惊奇，但是中国确实已经不是 20 世纪 50 年代那个贫穷落后的国家了。中国物质文明高度发达的今天，我们丢掉的是明媚灿烂的阳光和蔚蓝的天空。自然环境不断恶化，在我们回国后感觉特别的强烈和明显。国内老百姓不是没有意识到环境的恶化，老百姓也渴望在环境好的地方生活，这一点从高档住宅区的房价一涨再涨就可以看出来。然而，社会发展总是有它的规律，中国要和美国一样，经济发达，自然环境又好，还需要很长的一段时间。

坐在美国公寓前

不仅仅是美国优美的自然环境，美国老百姓的生活态度也给我们留下了深刻的印象。这与我们生活在得州的乡下也有关系，得州人民给我们留下的是热情友好的印象，过的是恬淡的生活，伴随的是悠扬的生活节奏。国内正处在社会变革时期，改革开放唤醒了中国人民巨大的潜能，也给中国社会带来了一股浮躁之风，与美国老百姓按部就班、淡定随性的生活形成了鲜明的对比。当然，得州人民不是太傻太单纯，而是表现得彬彬有礼，没有太多浮躁的争强心理。国内很多文人笔下，经常有一茶一坐一下午的悠然自得，现实中却少有人能做到，而原来太平洋彼岸的老百姓早已安然恬淡、优雅自得。

沈如意

个人简介

我，沈如意，英文名 Cherry，1990 年 3 月 11 日出生于浙江瑞安。于 2007 年考入浙江警察学院，并于 2011 年毕业，获得学士学位，中共预备党员。现在瑞安市公安局安阳派出所工作。

2009—2010 学年，作为浙江警察学院大三学生，正值大学黄金时间，我有幸与其他 15 名同学作为交换学生前往美国山姆·休斯顿州立大学访学一年。访问留学期间，怀着对知识的渴求，通过不断的探索和勇敢的尝试，我掌握了各学科的学习方法，并在考试中获得全 A 的成绩，同时深深感受到了作为中国学生的自豪。其间，我积极参加山姆·休斯顿州立大学举办的第二届大学生学术论坛，本人参赛的作品荣获二等奖，得到学院教授及老师们的一致赞赏。在那异国风情弥漫的国度，我同时寻得了对生活的另一种态度。崇尚自由的我，对新的生活总充满着无限的热情。那一年，我接触到了来自全世界各个种族、各个民族形形色色的人。在与他们相处的过程中，我学会了用更宽广的态度与人交流，更是发现了人性中不同形式的真善美。

回国后，我们积极参加 2010 年世博会的安全保卫工作，无论是学业、生活还是在工作中，都有一种成熟的蜕变。在接受学校领导和老师交代的任务时，我们更有全局意识、组织纪律性；在与人相处时，我们显得更加稳重大方；在做公安工作时，我们能更加全面辩证地看待问题。在美国参加当地警察局实习的经历，记忆犹新。而今，作为一名在基层工作的民警，我时常运用国外的警察理念来帮助理解和分析目前的公安形势及政策，并学会站在更高的角度思考中国的公安工作及法制建设。

美国警察交通管理中的法制意识

众所周知，美国是个法制意识较强的国家。在美国警察日常执法实践中，无论是警察还是公民都具备较高的法律素养，这提高了警察在警务活动中的效率，同时也带来了不少的挑战。警察依法执行公务，公民依法自觉配合警察执法活动，是出于对法律的尊重，对警察行业的理解。这使得执法者和执法对象之间达成法律上的共识，从而有效避免了因个人偏见或执法不当而带来的警民关系紧张。

参观得州 GALVSTON 区政府

由于美国地广人稀，道路宽敞，汽车业发达，人均拥有 1.3 辆，一般人日常生活中外出都是驾驶车辆，所以交通管理中很重要的任务就是对车辆的管理。然而美国警察体制中没有交通警察这样一个特殊的分类，交通管理是一般巡逻民警的任务之一。在日常的巡逻中，往往是以一人一车的方式巡逻，最大限度地利用了警力资源，分配在各个巡逻区。如果有紧急情况需要警力资源，该民警可以呼叫处警中心，要求从邻近的巡逻区调配资源。巡逻民警除了接警处理报案，还需要处理超速、闯红灯行为、交通事故等。然而，在处理案件时，只有一个民警应对执法对象就必须要严格按照法律程序办案，避免因为主观臆断而影响了执法行为。以得州 League City 巡逻民警处理超速车辆为例，其法律意识可以体现为以下几个方面：

首先，按照法定程序办案。警察对于超速车辆遵循现场处理的原则。在每辆巡逻警车里都配有一个可移动的雷达测速仪，它可以获取巡逻车辆自身的车速和任一雷达发射范围内目标车辆的速度。一旦发现有超速行为的车辆，巡逻警车即可以追随其后，开启警灯示意停车。由于美国道路不允许随意靠边停车，被警示的车辆在接受警示后，会减慢速度，选择就近的停车点停下车辆，接受处理。而在此过程中，巡逻民警已经将该超速车辆信息输入随身携带的电脑中，并且注明是雷达测速仪测试到超速情况，作为违章依据。

在美国当地警署实习时与美国同行的合影

巡逻警察则会上前告知车主出示驾驶证以及车辆保险，并且告知其该路段限定的车速和其真正驾驶的车速。对于超速事实，当事人如果心里清楚，多会自主配合出示其驾驶证，让巡逻警察输入数据库，建立档案，现场开具交通罚单。但不可避免有少数公民会想尽理由来与警察周旋，逃避罚款。虽然巡逻警察在实际处理时有很大的裁量权，但其依法办案的意识很高，法律是他们一切执法理念的核心。递交罚单并要求车主签名时，警察会向其宣读被罚款者拥有的义务及权利和投诉的途径。其中包括如果当事人有特殊理由或不满意，可以在有效时间内向法院提出请求或投诉，进行法庭辩论。这样就避免了现场警察因不必要的争吵而浪费时间，而且也在一定程度上减少了群众与警察的正面冲突。对于罚款金额，不同的州、不同的城市、不同的时期都有不一样的交通法规。对特定违规行为的罚款都有一定的幅度范围，而负责交通案件的法官可以根据当事人先前的交通违法记录和该次违法事实的情节严重程度在此范围内决定罚款金额。

体验美国当地靶场射击

其次，对证据要求很高。大多交通违法者不是现场交纳罚款，而是收到罚单后到指定地点交纳。如果其对交通违法事实有异议或者觉得警察执法过程有问题，就可以向法院提出请求，要求公正处理。例如，在警察开罚单时与当事人的对话全都有录音备案，若是当事人投诉该民警没有按法定程序处理交通违法行为，则在法庭上，法官可以要求提供录音记录进行查证。通常情况下，警察在处理案件过程中，都会开启录音和巡逻警车的摄像，以记录现场处理的过程。一方面，能够为上述情况提供有利的证据；另一方面，可以有效地监督警察的执法实践及维护自身形象，避免警察的个人不当行为影响良好的警民关系。

此外，在处理交通事故中，警察体现出来的更多是一种服务理念。在日常的巡逻中，警察随时都会有可能收到处警中心发来的信息，只要有群众报了警，警察就有义务到达现场处理案件。在交通管理方面，警察会接到不同程度、大大小小的交通事故报案。处理案件时，警察除了依法定程序记录案件、填写表格，更多的是站在当事人角度为其考虑，告知其可以采取的救济措施，满足双方的需求，寻找一切合法途径弥补受害一方的损失。

虽然中国有不一样的国情和道路交通情况，但是美国警察在交通管理的执法过程中体现的法律素养和执法理念，很值得我们借鉴和深思。

探索的脚步

坐在一个有着各种不同肤色人群的教室里，每个人都是如此的聚精会神，他们的思绪都是紧紧跟随着课堂节奏，而同时又在思考。学生不仅仅是听众，更是课堂的灵魂人物。他们的发言提问，源自心中的疑惑，留不得，也藏不住。对于问题的争议，无所谓婉转与直接，没有对与错，而是看谁的观点更具说服力。美国学生们的脑海中有着自己建构的理论知识和秉承的信念，一旦新知识与原有的发生冲突，则需要经过一番争辩或讨论来选择属于自己的答案。

学习如此，对于生活亦是如此。未知拥有着无限的魅力驱使人们去探索、挖掘它，直到丝毫无遐想空间的那一刻，人的目光便聚集在另一片土地上，开始又一轮新的探索。好比降临在荒芜的小岛上，人类会本能地去寻找延续生命的野果，采拾树枝柳条生火取暖。人类适应新环境的能力是与生俱来的，早在数百万年前就已植根于万物生灵中。

纽约时代广场2010年新年倒计时

然而，中西方思维方式的差异历来是个引人争议的话题。东西方文化都有其各自运行的轨道，以中美为例，中国人推崇辩证思维，而美国人则惯用逻辑思维。我们往往认为事物是矛盾的统一体，没有绝对的对和错，同时存在对立的两面。而美国人的逻辑思维模式则强调个体的独立性，不对即错，不存在介于两者之间的状态。他们不追求折中，而是提倡以越辩越明的方法来剖析事物。

这同中国人的中庸之道相悖而行，其根源与中国历史文化背景有着千丝万缕的联系。中国传统文化中很早就认为只有与大自然和谐相处，才能风调雨顺。传统思维提倡人们总结借鉴前人的经验和思想，而不强调如何善于发散思维、拓宽空间。因此，就形成了和谐同存的意识，而对新鲜事物缺乏一种原生的热情与探求，多了稳定求平的性格。

不同的文化，纵使有相近的语言，也是一条难以跨越的鸿沟。挡不住的得州居民对远方朋友的热情，尽情享受生活的痴狂，简约而不简单的办事风格，美丑兼容的时尚品位。种种文化是对视觉与精神上的冲击，令人来不及招架与窥探。他们的每个举动，每个情景，每番阐述，带着本土文化的气息，不在乎旁人的评论，流露着的是自信与阵阵痴癫，触及神经的兴奋点，舞动着对生活的狂热。

欣赏之余，难免投入。在异国风情的熏陶下，我们可以将一切烦恼抛之脑后，重拾对生活的热忱。不忍重复昨日的遗憾，感慨今日的悲伤，只享受当下的畅快与癫狂，期待明日的云卷云舒。对生活的尽情体验，是一种动态平衡，它允许人生有悲有喜，有欢有伤，有高峰有峡谷。我们演绎人生的曲线，把握生活的张弛。在清晨梦醒之时，能够感受阳光带来的惬意；早餐过后，能够扫去昨天的疲惫不堪；出门时，期待着一天的好心情。充实地过着每一分每一秒，不迷失方向，不失去热情，探索着前进，才能获得生活的价值。

童 天

个人简介

我叫童天，1989 年出生于浙江台州，为浙江警察学院 2007 级国际警务合作区队学员，2011 年毕业，现就业于浙江警察学院国际交流合作中心。

2009 年 8 月，我通过层层的选拔考试，有幸获得了赴美国山姆·休斯顿州立大学刑事司法学院访学一年的机会。访学期间，作为赴美区队的文体委员，我不但以优异的成绩完成了全部的学业，也组织了很多的文体活动，大大丰富了同学们在美国的生活，受到了领导和老师的好评。与美国山姆·休斯顿州立大学传媒学院张双跃教授合作撰写的论文《Meanings and expressions of filial piety（xiao）：Understanding Chinese intergenerational relationships》（《孝顺的意义和阐释：中国两代人之间亲情关系的研究》），被美国国家传媒协会录用，并受邀参加 2011 年 11 月在美国旧金山举办的美国国家传媒协会年会。在美国这一年的生活，是我人生中最难忘的一段经历。它不仅让我的生活阅历丰富不少，而且外语水平也突飞猛进。

2010 年回国后，我光荣地成为一名预备党员。2010 年 6 月，我被分配到浙江省嘉善县大云派出所参加世博安保工作，后到杭州市西湖风景名胜区灵隐派出所实习。在实习的时间里，我实际地接触到基层工作，了解到派出所的工作机制。2011 年 5 月，实习期结束，我获得了实习单位的高度好评，实习成绩为优秀，也因参加世博安保获得集体二等功和嘉奖各一次。7 月，我通过了留校工作的选拔考试，成为浙江警察学院外事办公室的一员。

2011 年 10 月至今，借调至公安部国际合作局欧洲处工作。

美国警局见习小感

2010年1月6日至11日，我们一行8人在得克萨斯州的League City警察局（以下简称LCPD）进行了为期5天的见习。在这五天里，我们跟着警员一起巡逻，一起处理案件，虽然时间很短，但是也让我对LCPD的日常运作有了一定的了解，从中也获益匪浅。

LCPD是一个城市的警察局，有别于我们熟知的FBI等全国性警察机构，管理的权限仅限于城市范围之内，它的独立性很强，几乎没有上一级的指挥和管理机构，他们只对市民负责。LCPD按职位高低，可以分为Chief of Police（总警监），Police Deputy Chief（副总警监），Police Commander（警长），Police Captain（警监），Police Lieutenant（警督），Police Sergeant（警司），Police Detective（警探），Police Officer（警员）。在我们见习的过程中，不难发现无论是最高级别的局长还是最低级别的警员，他们都能融洽地相处，为了城市的安宁恪守着自己的职责。

毕业典礼

警局的硬件设施让我印象非常深刻，作为小城市来讲，警局的规模也就和国内的派出所相仿，从整体结构看，警局建筑由警员们的办公室、警局的指挥中心、材料分析室、化学药品（主要是毒品）的化验室，以及警局的监狱等部分组成。需要提出的是这里的监狱就好比国内的看守所，是用来关押拘留人员的。同时，由于警局的相对独立性，各类案件所需要的鉴定仪器、取证设备样样齐全，正所谓“麻雀虽小，五脏俱全”，如用于毒品检验的仪器、指纹采集器等都属于警局的基本配备。与得州其他城市相似，在 League City，毒品犯罪形势还是很严峻的。所以，毒品化验在警局工作中占据了很重要的位置。先进的毒品检测仪器和技术可以在短时间内检测出包括 K 粉等新型毒品在内的几乎所有毒品的所属型号以及含量。高效的检测工作，很好地保证了案件的侦破效率。

在所有警用装备中，最能引起我们注意的是参与巡逻的警车。根据警员介绍，他们的警车通常是四五年一换，并且要定期地做好保养工作，目的就是确保警车良好的性能，这也是美国警方高速追击犯罪分子的基本保证。对于美国警车的外观涂装，美国并没有任何统一的规定，任何州、地方的警察部门都可以按照自己的规定来涂装警车。警车的外观只要明显、出众，能够引起别人的注意即可。不过传统的白色与黑色搭配的警车却占了很大的一部分。美国警车从外观上来看，最明显也最霸气的装备就是前面的保险杠，美国警察称之为“Pushing Bar”，直译就是推车用的铁条，可以高速撞击别的车而不会损坏。在美国，警察追车是合法的。美国警察认为，任何逃跑的嫌犯都会对其他无辜的人造成伤害，所以警察有责任去阻止他们逃跑并且把他们拦截下来。这也是美国警车虽然使用的是福特维多利亚 - 皇冠或者其他的车型，可是名字一律写成“Police interceptor”（警用拦截者）的原因。为了达到如此强大的追逐能力，美国警车是在原有车型的基础上根据警务工作的特点，专门特殊制造的。新款警车是道奇挑战者，一般的美国警察都使用福特维多利亚 - 皇冠。警车的内部，除了一般轿车的设备外，车前排驾驶室安装的是一整套的警用控制系统，包括无线电台、警灯控制、笔记本电脑。这个电脑比普通笔记本电脑不仅更加结实而且功能更多，巡逻警察在巡逻过程中的一切文档、报告都可以在该电脑中完成，还可以查询人口、汽车驾驶员的驾照、车辆、犯罪等信息，提供 GPS 卫星定位和 GIS 电子地图导航功能。当巡逻警察发动引擎，开始巡逻时，电脑会自动记录巡逻警察的整个巡逻过程，包括方位、任务、运行情况等，当警车完成巡逻任务回到警局时，电脑会自动将巡逻中的数据、电子案卷、视频资料、录音资料一并传输给指挥中心的电脑系统。任何人都不能对巡逻过程中的执法进行事后干扰。车的前风挡上还有摄像机，可以记录警察执法的全部过程，这也增加了执法的透明度。可见，车载电脑同时还是一个勤务管理系统。因此，与其说警车的前排是驾驶室，倒不如说是移动办公室。前后排座椅之间有栅栏隔开，在栅栏上还会有枪架，平时执行任务的时候会放一把霰弹枪。后排是专门供嫌疑人或犯人乘坐的。车的后排用的是塑料座椅，这主要是为了能够在嫌犯被押下车的时候看清楚嫌犯有没有为了毁灭证据而特意将犯罪证物留在警车里，同时，也便于清洗。

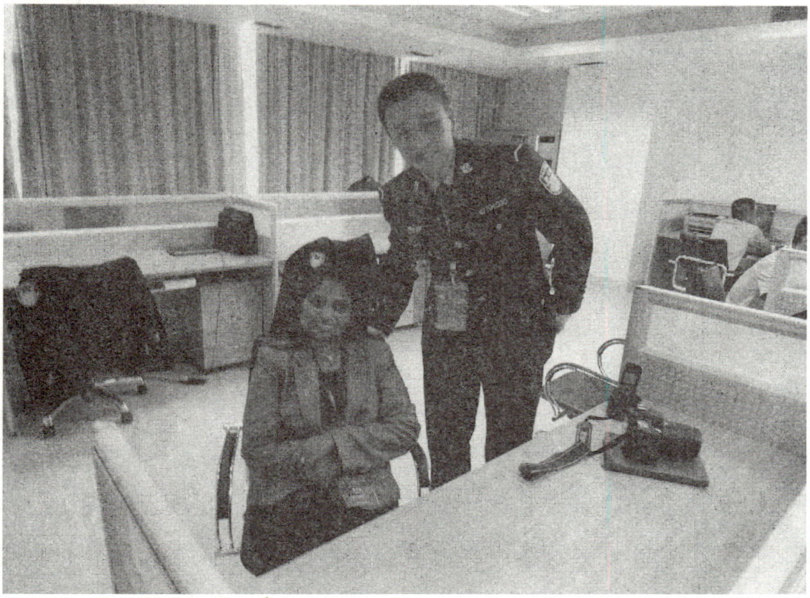

向外国朋友介绍中国的警局

从警察职能来看，我们所在的 LCPD 是一个以社区警务为主的警察局，所以，巡逻是此警局最主要的工作。与国内警察分为多个警种（如交警、刑警、治安警等），每个警种都有自己的职责范围不同，美国的警察可算是一警多能了。警局把城市划分成几个区域，每个巡逻警员负责一块区域。这块区域发生的所有案件，包括交通违法、治安和刑事案件都会由这个警员来负责。但正如美国所有有关警察的入门教科书上提到的一样，美国警察 80% ~90% 的工作职能是“有关服务的”，“有关犯罪的”执法功能不到 10% 。他们的服务职能包括紧急救助、提供信息、解决争端、失物认领服务、一般安全服务和特殊人口管理问题。这一点我在巡逻过程中就很有感触。我们时不时地会接到居民的求助电话，如某位老人家里的报警器没电了，我们去帮她换电池等。“有问题找警察”，在中国有，美国也如此，我看到了两国在警察职能上的异曲同工之处。

从警局的勤务制度看，在所有职位里，巡警是工作时间最长的，每天的工作班次分成三个：白天班、晚班和全白天班。白天班的工作时间是早上 6 点到下午 2 点，晚班的时间是下午 6 点到第二天的早上 6 点，全白天班的时间是早上 6 点到下午 6 点，每个班次轮换，确保 24 小时都有警员在路上巡逻。每天巡警工作开始之前，警局的警司会召集所有的巡逻警员开一个简短的会议，会议的内容就是强调当天巡逻要注意的事项，把最近本城市的犯罪趋势用图表的形式向大家描述；同时用一张犯罪分析地图在空间上提醒警员们哪些区域是犯罪高发地段需要加以重视。此外，警司还会把这个城市里面那些屡犯不改的重点人群的照片播放一遍，因为这些是这个城市最危险的一群人，70% 的犯罪与他们有关。

从巡逻勤务的效果看，巡逻是最主要的也是最为有效的预防犯罪的方法。这里的警员驾驶警车每天 24 小时不停地在路上巡逻。无论是主要干道（Park road）还是社区小路（Drive road）都能见到警车的身影。在警局有关巡逻的规章制度里，明文规定在路面上巡逻的警车不能同时处于停车休息状态。他们的吃饭时间必须得到 911 指挥中心的许可。这种体制保证了城市里较高的见警率，在很大程度上起到威慑犯罪分子的作用。巡警在巡逻过程中碰到可疑的车辆会及时使用车载笔记本电脑查询此车的信息，车主有无犯罪记录或者车子有无被处罚记录，如果有则会对其提高警惕，采取跟随、停车检查等处置方式，有效发现和遏制了犯罪。对于那些社会底层居民住宅区还会加大巡逻的频率，因为这些地区也是犯罪高发地。同时，在巡逻的过程中，警员们也要随时接受总部的安排出警。每个警员都会有自己的编号，通过网络，总部会知道每辆车所处的方位，就近调度警车去处理案件。这样确保了接处警的高效性，控制危险的程度。在巡逻中，我们切实发现美国的警车巡逻机制具有主动型的预防犯罪的特点，非常值得我们借鉴。相比之下，我们大多数派出所更多的是在等待报警电话，被动出警，不能从根源上遏制犯罪的发生。

最后，特别要提出的一点是，警察执行公务时的权威性。在美国，当警察执行公务的时候，如给交通违法车辆开罚单，除了被罚车辆的驾驶员之外，任何人不得干扰。哪怕是与警员说上那么两句话，都有可能会被认为是妨碍公务而被送进监狱。在我这 5 天的见习中就碰到一个比较典型的事件。一辆银灰色道奇小卡车违反交通法，过交叉路口时没有减速被我们拦下，紧随其后的一辆黑色轿车的车主欲与警员交流，但最终的结果是被警员喝止，并命令其回到车内。事件处理完毕之后，我们才知道黑色轿车里的驾驶员是被拦车主的父亲。美国的警察权，从这件事中可见一斑。保证警察权，也是确保执法的公正和高效的前提条件。在当前我国警察执法屡次遭到不法阻碍的状况下，提高警察的执法权威性，对构建和谐的警民关系，更有效地打击犯罪、服务百姓应该具有更加深远的意义，也是今后我们警务工作值得重点探讨的问题。

从美国归来后，我先后被分配在嘉兴市嘉善县大云派出所与杭州市西湖风景名胜区灵隐派出所实习。这两个派出所一个是农村派出所，另一个是景区派出所，所接触的案件和运作模式大有区别。我认为，针对不同的区域，派出所的工作机制要相应地进行改变：

首先是理念的改变。国内的派出所一般都是采用接警—出警—处理案件的工作模式，很少采用巡逻预防犯罪的方法。这跟我国公安工作警力匮乏的实际情况有关，但是我认为在有些情况下，适当地采取巡逻等预防措施远比严厉地打击要有效得多。例如，在景区派出所，80% 的案件都是针对游人的盗窃案。若加大巡逻的力度，便可以有效地降低此类案件的发案率。

其次是工作强度的减轻。如今基层派出所的工作分值班和正常上班两种模式。值班的时间是24小时，在一些派出所中，一名民警的单日出警量达到20次，这对基层民警的精力是一种挑战。长期的超负荷工作，势必会对民警的身体乃至工作产生负面影响。对于美国警察的换班制度，我认为值得在我国基层派出所中施行。

最后是警察权威的建立。在美国警局见习期间，给我最大的感受就是警察权的不可侵犯性。作为维护国家政权的机构，警察的权威理应是神圣的。但是公众过分地看重了警察的服务功能，而忽视了最主要的打击犯罪职能。这也导致在很多时候，我们经常会听到暴力抗拒执法的消息。这对于警察执法中的自信是一个打击，也是对国家法律的一种亵渎。

现在工作中，我也经常会怀念那短暂的五天时光中和 League City 的警员们结下的友谊。我学到了很多关于美国警务的先进方法和理念，我也通过自己的言行让警员们更加的接近中国、了解中国，也改变了他们对中国的某些略带负面的看法。同时，通过中外警务机制的比较，我发现了国内警务中的些许不足，取长补短，才能把中国的警务机制建设得更加完善。

节日串成的日子

初到美国，感觉周围的人和事都是新鲜的：打个喷嚏，别人会说一句“Bless you”（祝福你）；用“I'm fine, thank you（我很好，谢谢）”回答同学的一句问候“How are you doing（你怎么样）”，会被说是 Old school（古板）。我们一直在慢慢接受和适应周围的环境，也逐渐地改变了周围很多朋友对中国的消极看法。

开始的生活只能用两点一线来形容。除了在学校，就是在公寓，简单而枯燥。过了一个月的时间，逐步适应了美国的学习之后，我们开始参加美国同学组织的派对，邀请他们来公寓吃中餐，组织体育比赛，到休斯顿丰田中心现场看火箭队的比赛……

回忆在美国的生活，可以说是由一系列的中美节日串联起来的：

10月1日，是中华人民共和国成立50周年的日子。我们一行17人坐在电脑前，通过网络收看阅兵仪式的直播。身处他乡，那时的心情难以言表，有对自己是中国人的自豪，也有对祖国的衷心祝福。

10月3日，中秋佳节。在这个本应该是团圆的日子，却因为身处异乡不能和家人团聚。那是到美国之后，思乡之情最为泛滥的一次。举头望明月，发现没国内的圆。

10月31日，万圣节前夜，我们准备了大把的糖果准备分发给来“闹事”的小孩，但是等了整整一个晚上，自己把糖果吃完了也没等到淘气的小孩。

11月的感恩节，我们也一起买了一只火鸡，吃到打饱嗝。感恩节的第二天是星期五，被美国人称为“Black Friday”（黑色星期五），是商场大打折扣的日子，大家一起上商场“血拼”。

12月25日的圣诞节，是在纽约度过的。大苹果城中充斥着过节的气氛，商店、写字楼、大厦中圣诞树随处可见。耳边响起的是圣诞歌曲的声音，路上可以见到圣诞老人和行人拍照留念，有时也会听到陌生人对你说的一句“Merry Christmas”（圣诞快乐）。

圣诞节

12月31日，我们站在纽约的时代广场迎接新年的到来，犹记得当时的场景就如一场空前盛大的派对。在2010年的新年到来那一刻，上百万人欢呼雀跃，相互击掌而庆。

2010年2月13日晚，除夕夜。第一个不在家过的年，电话的另一边传来家人的声音，说是在吃年夜饭，家人都到齐了，就缺我一个。

4 月 1 日，西方愚人节。上课的时候，老师一进来就说今天要临时进行课堂测验（按照惯例，老师都会在学期初制定学习计划，上面会注明每次考试的日期。若有变动，会提前通知），顿时下面唉声四起。等教室稍微安静了一点，老师说了一句："Just kidding"（开个玩笑）。这才想到，原来今天是愚人节，没想到平日不苟言笑的老师也会和我们开个玩笑。

5 月，对我们来说是怀着复杂的心情度过的一段时间。因为马上就可以踏上归国的路程，心中有些兴奋。但是想到马上就要离开美国，离开这个生活了 9 个多月的小镇 Huntsville（亨斯维尔），离开旁边的外国好友，难免有些不舍。

在机场，我们和送行的朋友一一道别时，旁边的一个送女儿回国的老先生说的那句"就此别过，后会有期"，道出了我们的心声。踏上归国的飞机，留下的是美好的回忆，我想我们永远不会忘记我们的这段美利坚岁月。

陈韵汝

个人简介

我叫陈韵汝，英文名 Daisy，1989 年 2 月 12 日出生于浙江省温州市，于 2007 年考入浙江警察学院，在赴美学习交流期间担任 07 国际警务合作班赴美访学区队团支部书记一职。现在温州市公安局政治部宣传处工作。

2009—2010 学年，我有幸通过层层选拔，与其他 15 名同学一起获得了学院提供的前往美国山姆·休斯顿州立大学刑事司法学院学习交流的机会。访学期间，我认真完成学业，取得全 A 的成绩，并积极配合带队老师开展各项工作，团结和服务同学，在受到学院领导、老师和同学的一致肯定的同时，也得到了对方院校的高度评价。在结业典礼上，我作为访学区队学生代表进行了发言。

回国后恰逢 2010 年上海世界博览会，根据统一组织安排，我被分配到嘉兴市嘉善县魏塘派出所作为世博会安全保卫支援警力。安保结束后，由于具有较强的组织能力和外语能力，并有一定的援外工作经验，我在学院外事办公室完成毕业实习，全程参与了学院承办的多个援外培训项目组织工作及其他外事接待等工作。在实习期间，我工作认真勤恳，对待外宾有礼有节，充分展现了新时期预备警官的优秀素质和良好形象，得到了领导和外宾的一致好评，并获得学院“实习先进个人”的荣誉。我在温州市公安局交警支队二大队四中队完成了见习期。

120 个小时的收获

美国当地时间 2010 年 1 月 6 日至 10 日，我们一行 17 人在美国山姆·休斯顿州立大学刑事司法学院与 Alvin 警察局、League City 警察局的共同安排下开始了为期五天的美国警局见习生活。这是计划外的一个全新探索，也是美国之行的一个巨大惊喜。我被分配到了 League City 警察局，有幸与两位警官在辖区内巡逻，并与警局工作人员一同生活。短短的五天，整整 120 个小时，使我与美国警务实践进行了零距离接触，即使时隔了近两年，依然记忆犹新，更使我在实践工作中多了几分思考。

League City 警察局实习

在 League City 警察局见习，令我印象深刻的首先是美国警察的工作热情和职业认同感。无论是刚入警的小伙子还是已经工作十多年的资深警官，他们每个人都为自己是一名警察而感到自豪。虽然，在与他们的交谈中也曾提及警察的工资和福利待遇只能达到温饱而非富裕，但他们始终认为，自己所做的是正义的事，是意义非凡的事。

美国警察的职责可以用两个词来概括——“服务”（Serve）和“保护”（Protect），这与我国公安“全心全意为人民服务”的宗旨大同小异。然而，在我国，能够对警察这一职业保持恒久不变的热情，这样的人已经日益趋少了。刚入警时，许多人都怀着满腔热血，但生活与现实往往浇灭了热情、磨去了棱角。十年五年甚至更短的时间之后，不少人已经忘却了当初的抱负、曾经的誓言，只是日复一日、得过且过。

虽然美国警察也有上下班时间之分，但是在下班回家途中，如遇上市民有违法行为，League City 的警官们会先和我们说声“抱歉，我们要迟点到家了”，然后马上前去处理。有人会质疑，这五天他们向我们展现的或许只是作秀。的确，每一位 League City 警察局的警官都想把美国警察最好的一面展现给我们，然而这些细节，是无法用作秀来解释的。

在 League City 警察局的警官们口中，我们是来自中国的“Police Cadets”（学警），于是便好奇成为一个美国警察所要经历的过程。有趣的是，与我国警察招募制度不同，成为美国警察所需的培训和考察时间，并没有一个固定的标准，而是因人而异。这种制度，类似美国的高等教育，宽进严出，必须达到独立、安全、公正执法的标准，才予以准许进入警察队伍。只有真正具备成为警察的各种能力和素质，警察才能保护市民、保护自己，这是对市民负责，也是对警察自身负责。

和我国一样，美国警局里也有不少辅助警察工作的人员。但不同的是，我国的辅警是作为警力的补充，不少是退伍军人，并且他们的工作职责通常涉及具体的执法行为；而美国警局中的辅警人员则往往是技术人员，不存在对执法行为的直接影响。League City 警察局里进行指纹提取和鉴定工作的便是辅警人员，而在这五天里与我共同生活的 Victoria 就是专门从事计算机系统维护的辅警。虽然我国存在警力缺乏的国情，需要辅警作为警力的补充，但借鉴美国式辅警人员构成，可提高我国辅警的整体专业素质，同时减少因过多的辅警参与执法而产生的问题。

美国是较早提出社区警务理念的国家，而且一直在基层警务实践中不断探索、践行社区警务。有不少研究表明，加强科学合理的巡逻、提高接警率对预防和控制违法犯罪活动有一定的效果，并能够提高居民的

与美国教授们的合影

安全感。League City 警察局社区民警的主要工作内容便是在辖区内巡逻，及时制止和预防违法犯罪行为，让居民常常看到警察的身影。而这种工作方法，也是我国目前所积极效仿的。我国基层派出所强调社区民警要经常深入社区；交警部门也提出实行“阳光勤务”制度，提高路面警力比重，切实提高接警率和管事率。

League City 警察局的警官们的工作职责不限于社区治安秩序的管理，处理辖区内简单的交通违法违规，如驾驶证超过有效期、超速等也属于他们的工作范围，这便与我国截然不同。曾有人建议效仿，将我国公安各警种进行合并，但是国情始终不同。在美国，并不存在如“四小车”等具有中国特色的交通状况，由社区民警处理简单的交通违法便体现警力的合理利用。如若在我国实行一警多职，那么面对复杂的治安状况和交通状况，民警终将不堪重负而无法达到我们所预期的效果甚至适得其反。

此外，令人印象深刻的自然还有先进的硬件设备和软件技术。League City 警察局的每辆社区警察巡逻车上都配有一台手提电脑，内置 GPS 定位系统，并具有一个警务信息化管理平台。这个平台可分为勤务状态、任务信息、信息查询、地图定位、信息交流五个部分：通过勤务状态平台，可清楚了解巡逻车辆的工作状态；通过任务信息平台，可了解每项工作任务的具体内容，及时制定行动方案或是寻求支援；通过信息查询平台，可查询全国范围内的犯罪历史信息的数据和车辆被盗历史；通过地图定位平台，可以直接锁定巡逻车辆、救护车、消防车等的方位；通过信息交流平台，巡逻警察在巡逻时可以与控制中心、其他警察、救护车、消防车交流或寻求帮助。

由于社会经济发展差异，在硬件设备和软件技术方面，我们与美国警局尚存在不小的差距，但我国也拥有许多丰富的信息资源基础平台。例如，“打防控”系统也具备了信息查询、定位等功能，只是需要进一步地将系统内资源加以整合和合理运用，实现其作用的最大化。

在走进 League City 警察局见习之前，我们所了解的美国社区警务都仅限于从各类教材或论文中而来，五天的亲身经历让我了解美国社区警务中更具有实践性的内容，也让我开始从另一个角度审视中国的警务发展。我真心地感谢，感谢这 120 个小时所带来的思考和收获。

那些人，那些事

美国归来，每逢人时被问到最多的问题便是“你觉得美国怎么样”、“那里好不好”……而面对这些问题，我总答得很概括，因为“好”与“不好”，没有标准，难以界定。但是，可以确定的是，美国之行于我而言，是人生中一次难忘的经历，我会时常想起在那儿遇见的人和事。

如果选出一个州来代表美国，我希望是得州。因我们于 8 月的尾巴到来又于 5 月的尾巴离开，跨越三个季节，而与得州人相遇，秋冬春便都成了充满阳光的夏天。

——得州人，热情奔放

得州人爱热闹，每逢节日总是有各种欢庆活动。从新生入学欢迎会到万圣节、圣诞节，都会举行大型的聚会，而这些聚会的参与者，不仅有学校里的师生，还有学校周边的小镇居民。

2009 年 10 月 5 日至 10 日，是美国山姆·休斯顿州立大学的 Homecoming Week（返校周），且恰逢吉祥物 Sammy 的 50 周岁生日，整个 Huntsville（亨斯维尔）小镇呈现出节日的气息。一周的欢庆由三个活动组成：嘉年华、橄榄球赛和大游行。嘉年华自然是孩子们的最爱，而作为美国国球的橄榄球比赛更是吸引了全镇的运动爱好者。然而，最受欢迎、参与度最广的则是大游行。

游行开始之前，镇上的男女老少早早地搬来了小凳子，坐在道路两旁，静静等待。随着警用摩托车的警笛声传来，正式拉开了游行的序幕。在摩托车、农用车、老爷车等各式车队过后，由学校各个社团以及镇上居民自行组织的方阵、制作的游行花车在人们面前徐徐经过，享受着大家的欢呼与赞美，并不时向两旁的观众们抛送糖果等小礼物。

面对如此热情奔放的得州人，我们也为他们所感染，与他们共同欢呼雀跃，尽情地感受节日的氛围、享受节日的欢乐。

——得州人，淳朴随和

2009 年 12 月 10 日，上午 9 点的课刚结束，我就跑到图书馆。然而刚坐下没多久，图书管理员走了过来，通知将于中午 12 点封校，下午停课，因为——下雪了。

走出大楼，雪花漫天飞舞，路过校内学生宿舍，有不少人在滚雪球、打雪仗。南方的孩子，对雪总是无比憧憬，得州人如此，我也不例外。于是寻找一块角落，一个人堆起了雪人，不料被人发现，便加入了堆砌大雪人的队伍中。所有人从未堆过这么高的雪人，总归缺乏经验，于是两个雪人便歪歪扭扭、摇摇欲坠。然而，我们个个还是玩得不亦乐乎，丝毫没有素不相识的尴尬。

冰天雪地，冷，自然是不言而喻。当手冰冷、脚僵硬时，忽然有人招呼我进入宿舍楼。素未谋面、不知姓名的陌生人，仅因一场雪之缘，奉为座上客。递上一杯热可可，透过手掌，温暖至心，这便是得州人。

得州难得一遇的下雪天

——得州人，温馨重情

Victoria Dingler，是League City警察局的技术工作人员，主要负责计算机软件的维护工作。在警局见习期间，我与她们一家共同生活了五天。她是一位普通中年妇女，也是一位普通的美国母亲，育有一儿一女。年前，Victoria的儿子Finn因车祸伤及脑部，因此在我见习的这段日子里，他在康复中心进行康复治疗。

2010年1月9日上午，Victoria带着我去康复中心探望了Finn，并带着我们到海边散步。因为车祸，Finn的智力退回到了十岁的水平，总是无意识地重复说过的话，而相对的，Victoria也是很耐心地听完，没有丝毫不耐烦。午餐，我们到了披萨馆。Finn在吃披萨的过程中，嘴角沾上了面包屑，Victoria很自然地拿了一张纸巾帮他擦干净。小小的动作，却无比温馨。

探望的时间到了，Finn回到了康复中心。分别时，他对Victoria重复了一次“I love you，Mama”。我相信，这次的重复，发自心底。

人生中，我们总会遇到许多人、许多事，他们或多或少会在你的生活里留下印记。而与得州人相遇，会是我生命中重要的一笔。还记得，2011 年 1 月山姆 · 休斯顿州立大学刑事司法学院院长维森特 · 韦伯先生今年再次访问学院时问我“你最想念得州的什么”，我答“我想念那里的人们”。

嗨，我所想念的人们，你们现在还好吗？

徐逸波

个人简介

我叫徐逸波，英文名 Jason，1989 年 7 月 16 日出生于浙江宁海。于 2007 年考入浙江警察学院，毕业后在宁波市公安局政治部宣传处工作，中共党员。

在校期间，2009—2010 学年，通过努力学习和层层选拔，带着学院领导的嘱托和期望，我有幸与 15 名同学一起获得了前往美国山姆·休斯顿州立大学访学一年的机会。访学期间，工作方面，我作为副区队长，协助访学老师和区队长做好管理协调工作；学习方面，一丝不苟，刻苦努力；生活方面，坚持警院良好养成，保持寝室内务卫生并定期检查；作风方面，我严格遵守各项规章制度，定期向组织汇报思想，政治立场坚定。回国后，我参加了上海世博会安保，获得“世博安保之星”的殊荣和校嘉奖一次。世博安保结束后，赴杭州市公安局景区分局南山派出所实习，被评为优秀实习生。

在警院的学习时间里，学校提供了良好的平台让我不断进步，积极向上，在德智体各个方面都有很大的提高。美国留学的经历，拓展了视野，丰富了阅历，是我人生中一笔宝贵的财富，让我的综合素质有了质的飞跃。如今，我已离开母校参加工作，正是学院的培养，才使得我在工作岗位上得心应手。

我兴趣爱好广泛，钟爱足球、篮球。步入工作岗位后，也不忘健身锻炼，坚持劳逸结合。我深深地知道，身体是革命的本钱，拥有良好的体魄才更能胜任工作。作为宁波市公安局文艺小分队的随队记者，基层巡回演出期间，我偶尔也会放下相机客串节目，我既是宣传工作者，也是一名文艺达人。

美国实习工作有感

回忆起在美国 Alvin 警局的实习体验，那些片段历历在目，记忆犹新。当时我们身着警服，英姿飒爽，带着些许紧张和好奇，在大洋彼岸学习和体验警务工作。由于意识形态的差别和工作流程的陌生，遇到考验和挑战也在所难免，但无论如何不适应也会努力学着去克服。在陌生的工作模式接触学习中吸收经验，实习结束时感到收获颇丰，在为数不多的日子里圆满地完成了实习工作，并与当地警员结下了深厚的友谊。在国际警务交流日益频繁的大潮下，我有幸在异国他乡得到宝贵的亲身工作经历，如今回想往事，不禁感慨万千。

了解美国警察的装备

众所周知，美国是超级大国，美国警方对警械设备等硬件设施的投入确实让人赞不绝口。枪支的合法化，特别是在得州地区公民拥有枪支较为普遍的情况下，也使得警务人员的枪支的配备有很大的必要性。和我一起出行夜班巡逻的警官随身携带一把手枪，同时还备有杀伤力极强的霰弹枪，他介绍说一是用来防身确保自身的安全，二是枪支的配备能更有效地控制罪犯，看得出他是爱枪一族，巡逻空闲之余他还热情地向我展示他的各种枪支，着实让我大开眼界。

警用巡逻车就像一个小型的指挥中心，车里设备一应俱全：GPS导航仪、笔记本电脑、对讲机，大功率探照灯、摄像头等。经观察，美国警察非常注重工作细节。每名警察都配有信号音质极好的耳麦，这种通信工具能够很好地解决警员内部之间的沟通和联系。在紧急情况下，巡逻车高速赶往案发地点，警察能够更为容易地通过指挥中心或者各巡逻车之间的交流获得支援，大大地提高了巡逻的效率和办案的及时性。

车上都配有触摸屏笔记本电脑，并且装有与国内“打防控系统”相类似的系统，以便警察及时有效地输入案件信息，也方便查询疑犯的犯罪经历和核对基本信息。每当警车需要停靠，在职警察都必须输入有关停靠原因、停靠时间等基本信息。这能确保巡逻的有效运行，预防巡逻时擅自离岗等情况，与此同时也能及时向指挥中心反馈巡逻动向。

美国的巡逻警察与国内巡逻警察有很大的差别，国内分块清楚、职责明朗，谁做什么、谁负责哪块都有明确的分工，美国则不然。我遇到过一次入室行窃，警察一到案发地点，在向受害人询问一些涉案信息后，就一手接办了该案。整个流程包括观察犯罪现场，拍摄照片，收集证据，侦查破案。相当于这里的巡逻警察已经囊括了治安、侦查、刑侦、交通等多种警种于一身。一警多用，不外乎如此吧。

美国警车巡逻的高效让我大开眼界，各个不同的区块都有不同的巡逻车负责，而一遇到紧急情况，各辆巡逻车都会分工配合，以最快的速度到达现场，他们的接处警效率仿佛让我亲临美国警匪大片现场。其实，这与他们行人较少、路面较宽的基本情况是分不开的。若同样在国内的巡逻，交通堵塞，行人众多，很难迅速有效地从一地马上赶往案发地。诚然，我们中国警方在高科技方面确实应该向美国这样的发达国家学习，中国近几年经济持续高速发展，相信在不久的将来警用品更新换代，向科技要效率也会逐步实现。

在美国警局体验这几天，让我感受最深的是在美国警察权威的维

我与我的临时射击教练

护。在山姆·休斯顿州立大学学习期间，我掌握了很多理论知识，同时趁热打铁地与亲身经历结合，我在认识领域上又有新的提升。警察权威的建立，是通过法律严格保护警察合法暴力而形成的。“敢反抗，就开枪”这是美国警察权力的真实写照，警察权力的合理运用不会因任何捣乱势力而妥协。“袭警行为”被看成全世界的流行病，在西方国家更加严重，所以西方国家采取强有力的立法支持，对挑战警察权威的行为绝不姑息纵容。美国有关法律规定：“警察对罪犯（重罪或轻罪）实施合法逮捕时遇到反抗，使他有理由相信被逮捕者即将对他进行人身伤害（致死或致伤），并且合理地相信了对被逮捕者使用适当暴力是制止其反抗的唯一办法，在这种情况下警察使用适当暴力是法律许可的，视具体案件可包括致命暴力。”在美国，每个公民都知道不要在被警察盘问的时候，做出些会被认为企图袭警的行为，因为一旦警察觉得可能发生危险行为，“拔枪射击”这一基本权力将会得到实地运用，在这种场合下警察会受到法律的保护。在夜间跟着美国警员巡逻，他们无时无刻不在展示作为美国警察的权威：警灯一亮，前方车辆便靠边停下，非常配合地接受警察询问，整个过程干脆、利落，并由车载摄像头全程记下。

在如此高效的工作背后，也隐含着美国警察不为人知的辛酸。据我所知，美国警察是民众最不喜欢的团体之一。美国树立警察权威不遗余力，同时也在警民关系之间建立了一条扯不清道不明、无法逾越的鸿沟。美国警察的朋友圈子也大体局限于自己的同行和从警之前的朋友。

回国后，我迅速投入到实习工作中，先是上海世博会护城河安保工作，然后到杭州市公安局景区分局南山派出所实习，两个风格迥异的工作岗位让我对国内的警务工作拥有更为直观的感受。在国内，警察权力受到的限制显然就多得多，不管是携带警用枪支，还是在执法中与群众的处理方式，都与西方国家大相径庭。在国内主张警民融洽相处，说话要和气，办事要公道，人民警察全心全意为人民服务，这是我们社会主义中国人民当家做主的直观体现。如今在“民意警务”为主导的工作大背景下，力求营造一种深厚的警民鱼水关系，民警注重群众的感受和呼声，积极做到听民声、暖民心、解民忧，警民和谐较之以往有很大的改善和提高。

身处美国，我没有崇洋媚外，而是冷静、理性地看待事物。在这个超级大国的学习经历，我将取其精华、去其糟粕，更好地为我国公安事业服务。作为一名中国的警察，我觉得非常骄傲和自豪。

美国养成之我见

在警院学习生活的两年，养成是我们一直挂在嘴边并且恪于职守的字眼。雷厉风行的作风，严于律己的态度，披星戴月的训练，让我们的大学生活贯穿厚重的基调。也正是这样，良好的行为习惯在日复一日的复制后得以养成。以前常常叫苦叫累，但是真正做到之后，却在之后的留美生活和工作岗位上大受裨益，是人生旅途中一笔宝贵的精神财富。

来到美国之后，没有警务化管理，没有严明的纪律，脱离了曾在警院里令行禁止的条条框框之后，做任何事情都要靠自觉。在 Huntsville（亨斯维尔）这个普通的美国南方小镇学习、生活，点点滴滴都贵在总结。我渐渐发现，这里也有这里的养成，美国市民所特有的养成让我印象深刻。

人手一车的生活，路面上行人稀少，车来车往。交通工具都风驰电掣，但是一遇到行人或者一到转弯处车辆都会停下来，即便十分确定前方无人无车，即便驾驶的路面是宽敞的八车道、十车道。一开始，我会觉得他们很傻，非要等了很长时间直到直行的车辆全部通行完毕，他们驾驶的车辆才会转弯。但是仔细想想，这就是他们的养成，美国的驾驶员都拥有良好的交通素养，他们坚信“转弯可以慢等，生命不会再来”，马路上做好自己力所能及的谦让，一方面可以保持交通畅通防止堵塞，另一方面可以降低车辆转弯造成的交通事故，将交通隐患降到最低。这是一项交通法规，美国人良好的驾车习惯已经可以在没有监督下做到习以为常，这是他们教会我的养成。

我们的“梦之队”

在都市生活越来越快的节奏里，大家行色匆匆，擦肩而过，没有互相致意就成了再也不会见面的路人甲乙丙丁。可是在 Huntsville 街头，让我深切地感受到人性最纯粹的美。校园的路上大家都背着双肩包行色匆匆，赶课，回家，吃饭。但是每每相遇或目光接触，他们都会很好地微笑点头。这就是他们生活中的养成，不必有太多的寒暄，一个微笑就像冬日里的阳光能让人觉得好温暖。大家都不曾相识，往往一个微笑一个示意就能拉近你我的距离，不同肤色，不同种族，在这个被称为大熔炉的国度，大家都像家人一样，这样很亲切。送人玫瑰，手有余香。

学校健身房里的设施一应俱全，并且配套服务也足够全面。在校学生若想去运动，便基本上可以借到自己想要的所有器具，并且采取实名制，谁借谁还。若发现所借的器具不见了的话不必叫苦不迭，他们用完后会放在原处，不会不翼而飞，往往也有人会送还给你并向你道谢。这也是这里的养成，不必互相提防，不必互相猜忌。人与人之间重要的是信任，信任多了，相处也简单了，一些规则一些制度自然也行之有效了，也正是这样，大家的生活也更加有滋有味了。

养成，在我来美国后，我所理解的概念发生了质的改变。看过，听过，学过，感受过，反思过之后，那些小细节，那些小插曲才会让人印象深刻。远渡重洋来学习交流，重在一个汲取的过程和勇气，我永远感恩岁月给我留下的片段，永远感恩生活教会我的成长，永远感恩生命的旅途中给我带来的未知和挑战！

沈宜嘉

个人简介

沈宜嘉，英文名 Cathy，1989 年 1 月 16 日生于湖笔之乡浙江湖州。毕业于浙江省湖州中学，2007 年 9 月考入浙江警察学院本科一大队，现任湖州市吴兴分局八里店派出所民警，中共党员。

2009—2010 学年，我有幸通过选拔，成为浙江警察学院首批赴美交流的 16 名学生中的一员。在美国留学期间，我克服初到异地的各种不适应，刻苦学习，在学年末拿到了来之不易的全 A 的成绩。在学习之余，我还积极参加学校的各种活动，体验美国的文化与校园生活，与一批外国朋友交流两国的历史文化，在学习了西方文化的同时亦主动将中国的传统文化，如茶文化、儒家文化、传统风俗习惯等宣传给教授和同学们。

回国后，我立刻赶赴嘉兴，参与了世博安保工作，被嘉兴市局评为“世博安保之星”。世博安保之后在杭州西湖区分局进行了为期半年的实习生活，可谓我从警前的一次锻炼，令我受益匪浅。自 2011 年 8 月参加工作以来，我一直虚心学习各位前辈的工作经验，踏实肯干，工作之余还积极参加分局组织的快板表演等文艺活动。在新警培训期间参与了“织里 1026”事件的保卫工作，个人的表现被评为“先进事迹”，还与培训班同学一起受到湖州市局的嘉奖。同时，我所撰写的调研论文《社会控制理论与青少年犯罪》被湖州市吴兴公安分局评为第十三届公安理论研讨会优胜奖。

相通与不同

——浅谈中美警务的若干异同

在美国地方警局实习了三天，亲身感受了美国的警务体系，联系在国内派出所实习时所经历的点点滴滴，我亦发现了一些中美警务的相通与不同之处。具体来说，共分为技术装备、枪支管理、培训机制与社区警务这四个方面。

一、美国警局的设备科技含量很高，警察的装备也十分先进

初入 Alvin 警局，给我留下最深印象的并不是那边的环境有多好或者接待人员有多热情，而是整个警局所呈现出来的科技化的氛围。整幢建筑所涵盖的先进技术简直令我叹为观止。警局的所有入口处都安装有保险门，入内前需要先刷警员的 ID 才能将门打开，由此可见保密与安全工作的到位（见照片 1）。

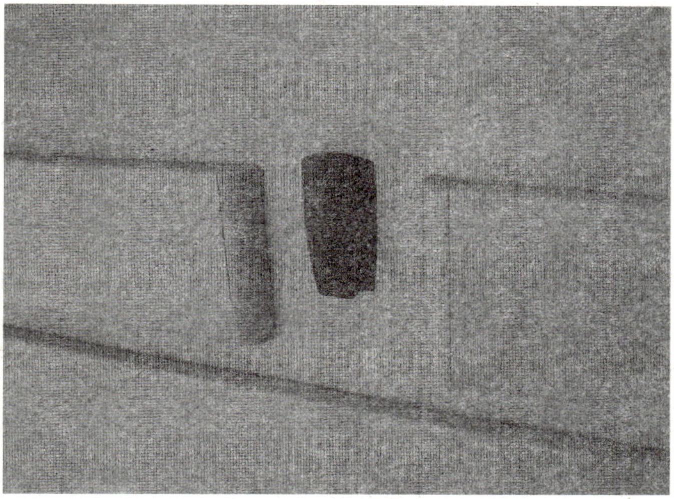

照片 1　进入警局时需要刷 ID 的电子锁

在拘留室的入口处我发现有一个小型的置物柜，入内的人员必须将自己身上所携带的枪支等武器锁入置物柜后方能进入。拘留室内有两个十分特别的设计。其一是一间软质墙壁的拘禁室。据说用来关押有暴力和自杀倾向的人，可以防止伤害（见照片2）。其二是男女面向对方的拘禁室的玻璃采用特殊的光学原理设计，室外的警察可以与两边对视，而面对面的拘禁者却不能看到彼此，以保护被拘禁者的应有隐私（见照片3）。

照片2　四周都是软墙壁的拘禁室

照片3　经过特殊光学处理的玻璃

警局的布局独具匠心，而巡警的配备也毫不逊色。Alvin 的巡警在巡逻时除了要携带日常必备的辣椒水、警棍、TASER 非致命枪和手枪之外，还必须穿防弹衣。而每辆巡逻车上都配有一台笔记本电脑。这些电脑都与休斯顿警局总部的电脑相连，巡警可以随时查阅到任何他们需要的资料，在看到路边的车牌号时也能即时将号码输入专门的系统查询车况，十分方便。唯一的不足是，这些电脑在与警察局内部网络联系的同时也可以接入互联网，虽然有一定的安全措施，但还是有可能被黑客侵入。据悉华盛顿总部的系统曾经被侵入过一次，当时损失相当惨重。

巡警带回来的证物会经过十分特别的处理。证物经巡警登记后会被投入一个带锁的小箱子里，巡警将箱子锁上后必须将钥匙也自箱顶的小孔投入箱内，这样一来，唯一能取到这些证物的人就只有箱子另一头的证物鉴定人员了。这种证据保管的方法十分新颖，又非常科学，值得学习（见照片4、照片5）。

照片4、照片5　证据收集箱

此外，警局内还设有一个小型的健身房。跑步机、肌肉锻炼器、拳击套等器材应有尽有，真可谓“麻雀虽小，五脏俱全”。设备怎样姑且不论，这种注重警员身体素质提升的理念是值得肯定的。

但是，就我看来，Alvin 警局的布局有一个非常大的不足，就是警局内没有食堂。警员用餐必须自己在警局外解决，这直接导致了巡警用餐的时间不规律。跟着巡逻的3天，我有两天是在下午3点后才吃午餐的，而巡警们说平时他们甚至不吃早餐与午餐。这样不规律的作息会对警员的身体素质造成很大的不良影响。另外，在外用餐时，多数饭店都会给警察打对折。一方面，这固然是警察与民众关系和谐的良好体现，但是另一方面，某些警察也因此而常常在非工作时间带着亲朋好友去一起享受这样的特殊待遇。俗话说“勿以善小而不为，勿以恶小而为之”。在这样小小的优惠得到满足后，难保不会有某些警察因为在这些方面尝到了“权势”的甜头而走上利用职权贪污犯罪的道路。

二、美国的枪支管理制度与中国有很大的不同

在美国，普通市民家中都可以合法置枪。这一制度虽然从一定意义上保护了居民的人权，但是也给警察的工作带来了不便。如果藏在住宅内的不是普通民众而是犯罪分子，那么枪支也自然不会仅仅被用来自卫。巡警每次抵达犯罪现场都必须十分警惕，稍一疏忽就会有中弹的可能。这使警察这份职业的危险性大大增强，或许这也是美国的巡警在巡逻时必须穿防弹衣的缘故吧。而美国也并没有专门的机构培训市民如何使用枪支，政府偶尔会举办一些枪支使用的讲座，而大部分的市民只是从说明书上得知枪支的用法，这又是一种公共安全隐患。

就警察而言，美国警察使用武器的规定与中国也不同。中国讲究尽量用最少的武力来抗衡，以求达到最小的伤害率。换言之，一般情况下，中国警察可以使用的武器与对手是同级的，即在对方只有一根棍子的时候警察不能贸然用枪。而美国的法律则规定警察一般可使用比对方高一级的武器。即可以用辣椒水和电击棍对抗徒手的歹徒，可以用手枪对抗持棍子的歹徒。

三、美国警察的培训机制与中国警察的培训机制亦有着天壤之别

中国培训一名警察，目前至少需要四年时间，就这点而言，我们这些正就读于警校的预备警官们比任何人都清楚。而在美国，任何一个大学就读刑事司法专业的人如果想要成为警察，在没有犯罪前科与其他条件符合的情况下只需再进行六个月的培训。在这六个月内，他们必须了解美国警务的发展史；学习包括联邦法律、州法律、刑法在内的各种法律以及如家庭暴力、青少年犯罪、酒精与药品等方面的知识与法规；确保熟练掌握驾驶、射击、与人交流沟通等技能，还要接受十分严苛的体能训练。由许多经验丰富的长期担任训练课程教学的警官对他们进行每天 9 ~ 10 个小时的培训。而在警局的现任警察也必须接受每 2 年一次的培训，以适应法律法规的更新以及社会对警务职能要求的变化。

四、中美的社区警务实践各有特色

美国警察的巡逻方式一般为开车四处查看路况。据说在休斯顿等市区还会有步巡甚至是马巡。虽然偶尔会有主动发现犯罪的情况，但一般都是以接受报警后赶赴现场处理为主。巡警一般在赶赴现场时只负责维护现场秩序与保护现场的工作，而现场勘查与取证的工作则由侦探负责。

一般人认为，美国报警电话 911 只有在特别紧急的情况下才会被使用，实际上，一般情况下市民需要警察帮助都会拨打另外的一条专门热线（normal call）。

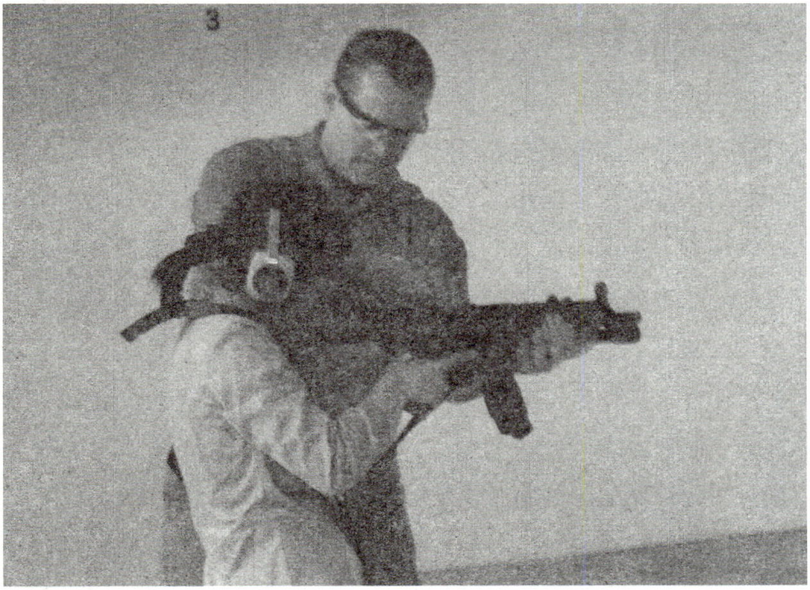

在美国警局实习

与我一起巡逻的巡警的父亲是休斯顿警局的一名工作经验十分丰富的社区警察。在中国的社区警务项目中，王法金的“黄手绢”堪称一绝，而这位巡警父亲的社区警务实践也同样出色。据说他每天经过一家餐馆的时候，若情况一切如常，餐厅的侍者都会向他挥手致意。有一次，他未见到侍者挥手，于是迅速回报了局里，带来大批警察搜查了该餐厅，成功抓获了几名逃犯。由此可见，警察的丰富经验与热心群众的帮助可以令警察的工作事半功倍。

与我一起巡逻的巡警在这个城市已经工作了7年，在巡逻的过程中，他与居民的熟悉程度令我十分惊讶。几乎每到一处，我都能看见警民的互动。在车辆行驶过程中可以看见路人的挥手示意，当巡警在某处下车查看情况时会有许多人主动上前询问，甚至在等红灯时也会与旁边车辆的驾驶员相互致意。好奇之下询问了巡警的考核制度是否与市民对他们的评价关系密切，却被告知警民关系等因素对警察工资与考核的影响并不大。联邦法律规定不能对拥有相同工作量的人发不同的工资。追问这样的制度是不是会打击他们的积极性，却被告知处理好与民众的关系是他们所必须做到的。看来，就如我国香港特别行政区的警察一样，对美国的警察来说，为人民服务已经作为一种信念，在入警的那刻起就被深深地刻入每一名警察的心中。我想，这种精神是值得我学习的，人民警察对于我来说，并不仅仅只是一种职业，而更应该趋于一种信仰。

美国巡警常干的业务包括作报告（report），写罚单（ticket），提供服务（service）以及熟悉群众。就这些日常工作而言，美国的巡警与中国的社区民警并无多大的差别。个人认为，中美社区警务最大的差别是美国警察的主观能动性并不仅仅只局限于回应报警电话，而是更能主动去发现一些问题。虽然不管是调查实验还是这几天的巡逻经历都让我觉得像美国巡警这样整天开着车一遍又一遍地巡逻用处不大，主动发现犯罪的机会也很小，但是这样长时间的巡逻至少可以有效地加强警民关系，这对于预防犯罪的效果是潜移默化的。

此外，美国巡警提供服务的内容着实令我大开眼界。儿童保护中心的人员外出接孩子需要警察陪同，频频上门处理家庭纠纷案件，甚至还有人打电话请警察去督促自己的母亲按时服药。或许是文化背景的不同，又或许是美国的社区警务真的已经做得如此深入人心的缘故，但不管怎样，这都能给我们中国的社区警务带来启迪：社区民警与居民的关系有待进一步加强。

正式踏上工作岗位已经快半年了，作为一个治安民警，平日的工作大多都是帮群众解决一些鸡毛蒜皮的事情，也颇能了解民意。就中美两国警察日常工作的强度来看，美国警察的侧重点是维护治安打击犯罪，而中国警察则在打击犯罪的同时也十分重视服务群众——当然，这也是由中国的社会背景与民情所决定的。自湖州市公安局推出“警务广场”战略以来，湖州的警务工作全方面受到群众的监督，相应地，执法工作也越来越规范。我所在的单位是全省为数不多的几个“执法示范单位”之一，在日常生活中，我也真正做到“以事实为依据，以法律为准绳”，可以说，对任何一个国家的执法者来说，能真正做到这一点是十分不易的。那些认为中国警务不如国外的人，要么是盲目崇洋，要么就是对我国的警务制度并未真正了解。

评论一种制度的好坏，并不在于其历史背景有多深厚，或是理论依据有多扎实，而在于其是否符合实际情况，是否经得起时间的考验。中美的警务制度有太多的不同。不应盲目自大——不可否认，国内警务制度的一些小细节尚有待完善；不应一味自卑——美国的一些看似先进的理念也未必符合中国的国情。从美国的警务制度中获悉一些优点，并使之融入到中国的警务制度中，并为中国人民造福，这比什么都重要。

应思归耕心

也不是没有向往过西方文学作品中那白鸽徜徉的广场，有着哥特式魔法的建筑以及华灯初上时咖啡味肆意流淌的小巷。回忆起那段在美国学习生活的时光，至今仍深深庆幸，正是那样的经历，让我在如今的工作与生活中依旧受益颇多。求学于美国，的确能学到很多刑事司法领域的新颖的观点与精辟的理论，但是最让我受益的，是学习了美国的研究精神与学习方法，或许是由于文化的不同，美国的教育更加注重师生的互动与学生的自主学习。在那一年时间里，多多少少还是积累了一些经验的。

首先，美国的教授几乎都喜欢用分阶段考试的方法，即每学期考试3～5次，每次考试仅仅涉及上次考试之后所教的内容。从某种意义上来

毕业典礼

说，这样的测试可以督促同学们在每个阶段学习后就对所学知识进行温习巩固。而教材的内容又往往是逐步加深的，所以阶段性的复习考试可以让学生一步一个脚印，扎实顺畅地学习这门功课。

其次，美国的许多课程之间都会有或多或少的交叉。例如，criminology（犯罪学理论）与 criminal justice system（刑事司法体系）这两门课都会涉及美国的犯罪学理论与司法体系的结构。只不过前者注重犯罪学研究史上各个时期的代表人物及其观点，而后者则注重美国刑事司法体系的具体结构与操作。以上可以说是课程间横向的交叉，纵向的交叉则如 criminology 与 juvenile delinquency（青少年犯罪）。美国学者在研究未成年人行为的时候十分注重用各种犯罪学理论来解释未成年人不法行为的成因。例如，根据默顿的压力理论（strain theory），男孩比女孩有更多的犯罪的机会，故男孩比女孩更容易犯罪。而根据一般理论（general theory），青少年犯罪的主要原因是自制力低下。由于每个人的自制力大小不同，故其认为性别虽然也可以作为预测青少年犯罪的标准之一，但却并不是主要影响因素。由此可见，在学习犯罪学理论时，我们不能仅仅只是为了应试而一味地死记硬背，而应该更好地去理解它，学会应用它，并在学习其他知识的时候，能够自主地有以理论为依据来解释各种现象的思维。在平时写论文之时，也要将理论运用的方法贯彻到底。

再次，在阅读了大量的外国文献之后，也大致摸清了外国学者写论文其实也是和中国学者一样，在写作思路上亦有一定的规律性可循。论文的开头一般都是对前面学者的研究进行陈述性的概括，并在此基础上提出自己所要研究的自变量与变量。提出关于自变量与应变量的假设，再设计问卷，收集数据并对数据进行分析，最后得出结论，看其与前面的假设是相符还是相悖。美国学者的论文要有理有据，即每篇论文一般都要求你用自己的调查研究数据，在观点的阐述时也必须是根据数据或引注前人的经验，其要求之严格，甚于想象。

最后，美国的大学教授一般都会设有 2～3 小时的课外答疑时间，其他时间内只要事先有预约也可以找教授答疑。这一年的学习让我深切地了解到与教授沟通的重要性。第二学期我有一门课是《（美国）警察体系与实践》，这门课上有价值的知识很多，唯一的缺点就是考试政策比较苛刻。而且，教授上课时时常会随口提一些俚语，美国学生大多能心领神会，却着实令我头疼。于是我每节课下课后都会找教授答疑。甚至有时候，就算只是就着笔记再把上课的内容复述一遍给教授听，也是能达到意想不到的效果的。同时，选择同一门课的同学平时最好能时常坐下来一起讨论一下上课的知识，如果能在考试前互相提问与解惑，则会有更加意想不到的效果。

以上是学习方面的一些收益，经历了一年的异地生活，也令我成熟了不少。

对于那一年里的一切阻碍与心酸，许多都是可以一笑而过的。但有一点却令我痛心至今，那便是在中美比较时深情而又清醒的痛。去了美国才知道，原来并不是每个国家的人都如我们华夏儿女一样愿意去了解他国的历史与文化。去到得克萨斯，发现那里的人就如《宽容》序言里的人们一般活着，有的甚至已经故步自封到了顽固的境界。于是，中国的历史文化、风俗美景，我一遍遍地娓娓念叨，唯愿自己的小小努力，可以为中国换得多些善意。我们是去国外学习先进理论的学生，更是身负民族尊严的中国未来的警察。在异国他乡，有人会因为你是远客而对你释放善意，自然也会有人因为你孤立无援而落井下石。真的衷心地希望，今后像我们一样去国外学习的学生，可以多一点自爱。面对别人施予的善意或是遭遇的不公，我们在接受与拒绝间，千万要有很好的自持。永远记得出国学习的最终目的是回国后学以致用，造福祖国。在面对宗教人士的传教时，告诉他们中国的文化已经足够深厚，我们不需要所谓的上帝来支撑空虚的躯壳。在面对资本主义的物质诱惑时，告诉他们我们爱自己的祖国，不仅仅只是爱祖国的繁华，更爱她纵使曾经受伤却仍不失强大的民族之魂。诚然，我们不能否认别人的确有一些比我们先进的地方是值得我们学习的。闭关锁国所带来的弊端，我们在那个海禁无比森严的清末早已有过沉痛的教训，所以此时此刻，无数华夏儿女正满怀赤子之心不惜远渡重洋学习国外的“我有人优”的知识，但同时也一定要守住出国前那颗坚定的爱国之心。

无论时光如何流逝，我想我一定会坚贞不渝地爱着自己的祖国以及中华民族自强不息的精神。我亦相信，浙江警察学院的这项“国际警务合作”项目一定会圆满成功，正是因为大家都有与我相同的爱国之情。经历过这一年，我更爱我的祖国，更爱我的学校、老师、家人以及我自己，而在未来的日子里，我也会加倍努力，怀着一颗谦逊的心将我在美国所学的知识回馈到今后的工作中。我坚定无比地相信，这样开创性的国际警务项目一定会令中国公安事业的未来更加美好。

傅思嘉

个人简介

我叫傅思嘉，英文名 Bill，1989 年 1 月 26 日出生，浙江义乌人。于 2007 年考入浙江警察学院，任 07 国际警务合作班二班班长，共青团员。现于义乌市公安局商城派出所工作。

2009—2010 学年，通过浙江警察学院选拔，我有幸赴美国山姆·休斯顿州立大学刑事司法学院留学一年。初到美国，我因受到 07 赴美访学区队同学的一致好评，经集体投票推选，担任男生 101 号寝室长。在美国求学期间，我在学习上勤奋刻苦，各科成绩均取得最高等级 A；在工作上积极配合带队老师，组织同学完成了各项重要任务；在生活上照顾同学，团结集体，帮助同学们建立起互帮互助、情同手足的良好关系。

2010 年 6 月底回国后，我被浙江警察学院派往嘉兴平湖市广陈派出所执行世博安保任务。在广陈所工作期间，我时刻以一个党员的标准，严格要求自己，政治立场坚定，积极向党组织靠拢，以高度的责任心，出色地完成了世博安保任务，发挥了先锋模范作用。参与破获一起轮奸案，获个人嘉奖、集体二等功。

2010 年 12 月至 2011 年 6 月，我在义乌市稠北派出所毕业实习。在实习期间，我热情接待了美国警察访问团，对美国来访的老朋友全程陪同，得到了美国 League city 警局局长 Michael 等人的高度赞扬。

2011 年 9 月，我到义乌市北苑派出所帮助工作。在所领导的培养及民警们的帮助下，我的个人政治、业务素质都有显著提高。我立场坚定，在政治上、思想上、行动上始终与党组织保持一致，不断加强自身修养；在业务上，虚心好学，善于钻研，坚持边学习边实践，刻苦钻研刑侦业务，并经常利用业余时间研读各项法律法规。在公安部开展的“清网行动”中，我协助北苑派出所民警抓获网上逃犯两名，赢得了领导和民警们的充分肯定。

在紧张的工作之余，我还时常去爬山，打篮球和游泳。我尤其酷爱打篮球，是区队篮球队的主力队员。我和区队里其他队员奋勇拼搏，最终我们区队进入了浙江警察学院“警盾杯”8强。我平时不爱说话，但逻辑思维能力很强，数学和英语是我的强项。

中美警务实践之比较

美国当地时间2010年1月8日至13日，在美国山姆·休斯顿州立大学刑事司法学院、里格城警局、艾文警局的通力合作之下，我们07级国际警务合作班16名同学和丁靖艳老师参与了为期5天的美国警局实习。这次实习中，我切身感受了美国警务实践，学习到了新的知识。回国后，我通过1年的实习和1个多月的工作实践，对中国的警务实践有了初步的认识。由于中国和美国在制度、社会、文化上有显著的差异，中美警务实践也有许多不同之处，但其中令我印象最深的是三个方面：侦查讯问、治安调解和警用巡逻车。

与里格城警局局长的合影

一、侦查讯问之比较

美国法律规定犯罪嫌疑人享有米兰达权力，有权保持沉默，不供述对自己不利的事实。如果犯罪嫌疑人招供，往往会被处以重罚；但是如果拒不供述犯罪事实，却受到保护。这在客观上导致了犯罪分子的抵触情绪，增加了办案人员审讯的难度，不利于查明案件的真相。我国的刑事诉讼法规定，犯罪嫌疑人应当如实回答侦查人员的提问。如果犯罪嫌疑人如实供述犯罪事实，可以得到从宽处理。也就是我们常说的：坦白从宽，抗拒从严。这不仅提高了犯罪分子交代犯罪的积极性，还有利于警方及时查明案情，尽快侦破案件。

美国警察的武器

在美国，当讯问开始之初，律师就可以全面介入。当侦查人员对犯罪嫌疑人进行第一次讯问的时候，律师就可以在场陪同，甚至是代替犯罪嫌疑人回答问题。这对保护无罪的人不受刑事追究有利，但是这在一定程度上干扰了警方的侦查。在我国，律师介入侦查是有限度的，只能为犯罪嫌疑人提供法律咨询，代理申诉和控告。在警方对犯罪嫌疑人侦查的阶段内，律师只能了解犯罪嫌疑人涉及的罪名，不能与犯罪嫌疑人对话作案的具体过程。当律师会见犯罪嫌疑人的时候，警方可以派侦查员陪同会见，我在北苑派出所的时候就曾陪同律师会见。律师不得代替犯罪嫌疑人回答问题或者是为犯罪嫌疑人辩护。这种规定把律师会见对侦查的消极影响降到最低，同时又保障了犯罪嫌疑人的合法权利。

在国内的警局实习

二、治安调解之比较

美国的司法实践中，警察能够参与治安调解的情况比较宽泛。这导致了警察的权力很大，在我看来就是“什么事情都能管”，每个警察都是法律的化身。大到头破血流的斗殴，小到鸡毛蒜皮的琐事，甚至是别人家的狗跑到自己家来了，也能报警叫警察来进行治安调解。例如，有一群喜欢打篮球的少年，每天都在小区里打球到深夜，引起小区居民不满并报警，警察到现场对双方进行调解，让学校开放室内球场给少年们打球，球场的钥匙交给少年们的父母保管，父母向学校保证孩子们不在球场内搞破坏。类似的纠纷在美国很普遍，但在我国就不属于《治安管理处罚法》所规定的违反治安管理的行为，因此警方一般不会介入这种治安调解，而是由村委会或人民调解委员会等民间调解组织出面解决。

而义乌市政府也开通了一个96150的电话号码，市民可以打电话举报环境污染、噪声污染或生活求助。这有利于减轻警方应对求助的工作量，不仅使政府解决群众求助更加专业化，而且使警方有更多精力打击违法犯罪活动。

三、警用巡逻车之比较

由于我比较喜欢汽车，所以特地对中美警用巡逻车进行了研究，并在此发表一点自己的看法。首先，美国警车在外观上与国内警车最大的不同就是在车头前端加装了保险杠，也就是“Pushing Bar”，顾名思义，用来推车的杠。这种保险杠十分厚实，在警车高速追击的时候，可以对前车实施顶撞，同时保护了警用巡逻车不受到损坏。相比之下，国内的警用巡逻车一般不加装保险杠，因为我国法律规定，对于一般的违法行为，民警不得进行车辆追击，以免造成群众和嫌疑人的生命财产遭受损失。其次，美国警车都配备有车载笔记本电脑，可以方便警察随时查询车辆信息，核对人员信息，阅读电子邮件等。国内一些省份的警用巡逻车已经具备采集指纹、酒精检测等功能，但还不能算是一个完整的信息终端，不具备信息化功能。再次，美国的警车前排和后排是有挡板分开的，就像出租车的安全隔离板，保证了警察不受来自后排嫌疑人的袭击，所以后排可以单独关押犯罪嫌疑人。后排的座位不是海绵座位，而是塑料的硬质座位，舒适性很差，使犯罪嫌疑人坐着很有压迫感，增加了犯罪嫌疑人的畏惧心理。国内的警用巡逻车没有加装隔离板，也没有对后排座位改造，因此在押送犯罪嫌疑人的时候，必须有民警在后排进行看守，防止犯罪嫌疑人的袭击和跳车逃跑。最后，美国的警用巡逻车动力十分强劲，配有4.6升排量的V8发动机，加速性能可以和跑车相提并论。这是由于美国的民用车大多数排量较大，这就使得美国警车的发动机必须性能优异，才能满足警方的工作需要。我国的警车以大众桑塔纳系列为主，而民警很少使用车辆进行路面追击，因此这种配置基本上能满足公安工作实际需要。

虽然我对美国警务实践的认识还有很多，但是美国警察的侦查讯问、治安调解和警用巡逻车这三个方面是我印象最深刻的。现在我已经成为一名中国警察，通过日常的警务实践，我意识到中美国情不同，使得中美警务实践存在巨大差异。但我个人认为，只有辩证地看待中美警务实践差异，取其精华、去其糟粕，才能做到洋为中用，用先进的警务理念来服务我国的公安工作。

我眼中的美国学习生活

时光飞逝，转眼之间，我已结束了 4 年的警校生活，并回到家乡义乌市参加公安工作。但回忆起警院的时光，令我最激动的还是离校赴美时的情景。学院领导与我们亲切握手，并寄予我们嘱托。在美国每当想起学院对我的高度期望时，我就热血沸腾，一切困难在我面前都变得微不足道。

这一年的学习生活，包含了喜怒哀乐，各种滋味。当我以 8 门课程全 A 的成绩，从刑事司法学院院长手中接过毕业证书时，我的心情无比激动。我想，这一年的努力没有白费。同时，我能取得这样的成绩是与学院领导，老师们的努力分不开的。没有警院与美国山姆·休斯顿州立大学的合作，我就没有机会远赴美国进行学习交流，更不可能取得这样的成绩。

此次赴美学习交流，令我印象最深的是美国大学的学习。我就结合自己的感受，谈谈美国大学学习上的一些事。

硬件设施

每门课程的教室是不一样的。根据选课人数来分，有些课程很热门，有一百多人选，就安排在大教室上课；有的课程比较难或是冷门课程，只有三十几人选，就安排在小教室。这样的安排，某种程度上提高了学生的听课效率，也节约了资源。教室有大有小，但每个教室的设备是一样的。电脑、投影仪、空调等设备在任何一个教室都有，不会因为教室设备的不同，影响了教学。教室的钥匙由上课的教授保管。下课后，教授要负责关灯、锁门。而教室的中央空调是由整个教学楼的管理处统一开关，教室里可以调节温度高低，但不能擅自开启或关闭，这种做法既保障了学生正常使用空调，又避免了学生私开空调而造成安全事故。但是在美国的大学里，教室的空调常常开得很大，且长时间地开启，造成了大量电力的浪费，这是其不足之处。

教授

美国教授在课堂上比较随意。不同的教授有其独特的授课风格。有的教授喜欢把课本内容讲得很细；有的教授上课就是与学生聊天，课本知识一带而过，主要是启发学生自己去学习。教授们的穿着也是各不相同。有的教授每天穿正装，好像是每天在参加学术报告会；有的教授喜欢穿牛仔裤上课。有的教授喜欢让同学写文章；有的教授喜欢让学生通过演讲来阐述观点。

虽然教授们在穿着、授课方式上比较随意，但在学术上却很认真。有时，教授和学生整节课就是在争论问题，对自己的观点据理力争。如果平时有同学去提问题，教授也很热情，会和你探讨，先提出他的观点，再问你的观点，最后作比较。作业，考试中的问题，不是对错问题，而是开放式的。只要说得有道理、有依据，都是可以的。教授上课喜欢结合自己的研究成果，与书本的内容作比较，培养同学的独立思考能力。教授还常常提供一些最新的统计数据给同学，供学生写论文和作业引用。对于学生的诚信问题，美国大学教授看得很重。学生写论文，只要是引用他人的观点，都要注明出处，否则视为剽窃。考试的时候，教授也要求前三排可以不隔人坐，从第四排开始，必须隔一个位子坐，防止考生偷看。有的教授还出了 A、B、C、D、E 五套考卷，使得考生前后左右的同学卷子都是不同的。

值得一提的是，美国大学教授的权力很大。学生的学期成绩如何，完全是由教授说了算。如果学生在课堂上的表现不好或迟到，教授甚至可以叫他离开，不让他上课。教授的教学方式不受学院的管理，有的教授会以个人名义，邀请基层的有多年警务经验的警员以及监狱的狱警到学校给同学上课。还有的教授会通过打电话、写介绍信等方式，帮助学生联系实习单位。这种请基层讲师的做法，是教授们的教学方式之一。

学生

美国大学的本科教学，招收不同年龄段的学生，基本上没有年龄的限制。我经常看到爷爷、奶奶级的同学和我一起上课。这种做法的好处是不同年龄段的同学，可以相互学习。不同年代的思想可以相互碰撞，摩擦出知识的火花。

美国大学的学生可以修任何专业。例如，山姆·休斯顿州立大学的刑事司法专业对所有学生开放。一个普通的学生可以通过在那里的学习，学习美国的刑事司法体系和制度，掌握刑事侦查的方法。即使这名学生毕业以后不从事司法方面的工作，相信他的法律意识也加强了不少。初到美国，我质疑这样的做法是不是会涉及司法部门的保密原则。经过一年的学习，我发现上课的内容主要涵盖美国的刑事司法体系和制度介绍，历史发展，刑事侦查的一些方法的介绍。这些内容可以说是比较浅显，而真正的涉及保密原则的内容，是在山姆·休斯顿州立大学的在职民警培训课上才会讲到，一般人员难以接触到。这种做法不仅使普通学生接触到了刑事司法方面的知识，增强了他们的法律意识，更重要的是增强了他们对警察的认同感，使他们对警务工作有了充分的认识。这对美国人民法律观念的普及起到了很重要的作用，有利于执法部门开展工作。

美国大学的学生对老师很尊敬，师生关系很好。教授在学生心目中的地位很高。学生对教授都很有礼貌，虽然有些学生的年纪比教授的年纪还大，但遇到教授时总是礼貌地问好。学生和教授说话时，都是轻声地说。上课的时候，教授在上面讲，下面几乎没有人说话，都是认真地在听讲。如果有人迟到的话，课后还会主动写道歉信给教授，说明情况。这些都体现了学生对老师的尊敬。

经过9个月的留美学习交流，我对美国的刑事司法制度和体系，有了更全面的认识；对美国的历史和风土人情，有了更深入的了解。警院给了我这个来之不易的留学机会，在这9个月里，我时时牢记学院领导、全体师生及家长对我的殷切期望，进一步培养了良好的学习和生活习惯。我想在以后的公安工作中，我要以此次留学经历为契机，努力学习和工作，回报祖国和母校。

夏文婕

个人简介

我叫夏文婕，英文名 Elaine，1989 年 5 月 26 日出生于浙江宁波。于 2007 年考入浙江警察学院，曾任校摄影协会会长、2007 国际警务合作班学习委员，现就职于浙江宁波市公安局，中共党员。

2007—2009 学年在校期间，我以“学业”为主线，力求多方面发展，曾连续五次获校一等奖学金、一次国家奖学金、校优秀学生干部、社团“先进个人”及三好学生；并曾担任课题组组长，赴义乌调研出入境外国人管理情况，撰写的《义乌市“外国人管理研究与探索”调研报告》获公安部科技应用创新成果奖二等奖、浙江省大学生科技创新“挑战杯”三等奖；作为学生代表，多次参加过学校接待的来自五十多个非洲国家的“中高级警官研修班”和“出入境管理研修班”，并陪同赴西安考察；此外，我曾担任过校第二届英语口语大赛主持人，获校英语电影配音大赛一等奖。

2009—2010 学年，我有幸经层层选拔，与其他 15 名同学一起获得学校第一届前往美国山姆·休斯顿州立大学访学一年的机会，取得所学课程全 A 的成绩。在美国的这一年，我们增长了见识，拓展了视野，学会了自己烹饪美味佳肴，懂得了相互鼓励更加珍惜彼此。

回国后，我作为世博会“环沪护城河”任务的一员参加世博安保，荣立集体二等功，并获嘉奖 1 次，2011 年 6 月，我正式毕业于浙江警察学院，并获校优秀毕业生。

我所了解的美国警局

美国当地时间2010年1月6日至10日，我们有幸分组前往Alvin和League city警局进行为期一周的实习，我被分到Alvin警局。直观深入地了解美国当地警察的工作后，我发现中美之间有着很多的差异。

毕业典礼

美国警察局警员的工作时间安排一般分为大礼拜和小礼拜，大礼拜需要工作一周五天，每天12个小时，白班从早上6点到晚上6点，夜班从晚上6点到次日早上6点；而小礼拜则只需工作一周两天，每天12个小时，白、夜班时间相同。每位警察每两个星期可以过一天特殊的上班假期，也就是该天上班只需到下午2点就可以离开警局。若是遇上紧急案件或是需要更多时间写巡逻报告或是做其他警务工作的，加班的警察一律按小时补给加班工资。

美国警察与警察之间依然使用较多的暗语（code）。例如，Ten four

代表 I'm clear；Negative 代表 No。他们并不直接说 No 或者 I'm clear 的原因是在无线电沟通的时候能够更加清楚地并且简单明了地表达自己的意思。在三防电脑普及之前，他们有更多的暗语，每位新上任的警察工作之一就是学习警察之间的特殊暗语，他们的暗语多得甚至可以写成一本书。

在 Alvin 警局几乎每一个警察手臂、后脖子上都有不同图案的 Tattoo（文身），对于他们而言，只要能被衣物遮挡就可以。这与中国的警察入警要求完全不同，记得考警校的时候，有一项要求便是，不可以文身，甚至连明显的疤痕都不允许。

在回警局的路上，我们碰到了 Alvin 警局的秘密便衣警察，在 Alvin 警局有 Assigned 几位便衣警察，他们永远不用穿警服，不必开警车，专门致力于侦查特殊的案件，Travis（第二天带我的警官）笑笑说他到警局工作两年的时候还不知道 Alvin 警局的便衣警察到底是谁，可见其保密性之高，而且秘密便衣警察不定期到附近的二手车厂换车，通常一个月换一辆车，防止罪犯记识便衣警察的车，而为警察带来不必要的伤害，换车的费用则由 Alvin 政府拨款提供。记得去年暑假在派出所见习的时候，有一次师傅接到通知夜里秘密行动去抓赌，他开了自己摘了牌照的私家车前去执行任务，因为开警车会打草惊蛇，而不摘牌照则怕赌徒日后来报复。在美国，警察从来不会使用自己的私家车去执行任务，一般特殊任务则由便衣警察完成即可。

美国的警车上的设备可谓应有尽有。车内装有三防笔记本电脑，可以用于警察间发短消息、上 Google、查看 Alvin 的全景甚至街道名、定位每辆出警警车的位置以及正在处置的具体案件；前后各配置摄像头，自动记录警察处置案件的过程，一旦警车自身车速超过一定限制，车内所有监控录像设备就会自动开启，这种情况一般是警车追击逃犯或是企图逃跑的车辆，帮助警官能够专注于追捕；车内配有无线电对讲机，以 Alvin 警局为指挥中心，传递信息给出警的警官；车头以及车尾还装有车速测量仪，用以检测来往车辆是否超速；每个警察的身上都佩戴一个录音设备，记录警察处理案件时与当事人的谈话。这些设备都是为了保护美国警察的执法权。例如，如果有人投诉某某警察在处置案件的时候

身着美式警服的我

对其使用了粗暴的语言，那么监察部门则可以根据这些记录的视频、语音资料展开调查。尽管他们说他们并不喜欢这种没有自由的方式，但至少，这是一种自我保护的方式，当他们选择了这份职业，那么只有无条件地接受了。中国的警车通常是由驾驶员加完油后，持发票去报销，而美国的警车有专门的加油站，省去了许多的麻烦。

美国警察局一个县只有一个，如 Alvin 就只有 ALPD（Alvin police Department）一个集所有职能于一身，没有类似中国的派出所。也就是说，一个 ALPD 既要处理各类交通案件，包括交通事故、交通违章、驾照车照过期、超速等；也要处理各类刑事案件，包括五大类重罪以及形形色色的轻罪；还要处理特殊的青少年案件以及青少年行为异常的案件，包括逃学、违反宵禁等。此外，美国的警察，至少在 Alvin 还需要处理动物受虐待的案件，他们还需要帮助门被反锁的车主、教育乱拨 911 的小孩子、和孤独的老人聊天。可谓“万千宠爱集一身”，当然，美国的警察在美国当地居民中也有较高的威望，见到警车，人们会主动地打招呼。

在美国警局见习的一周时间，每天的大多数时间我们都在车上。警车巡逻是美国最为普遍的巡逻方式。车上装备齐全，交流方便，随时都能与指挥中心保持联络，而且警车与警车之间的交流也甚为密切。当然，Alvin警局也会在天气相对较热的时候采用骑巡，即自行车巡逻。因为美国相对地广人稀，社区与社区之间也分布得较远，美国警局也没有那么多的警力采用步巡。而中国人口较多，每几个社区附近设有派出所，所以因地制宜采用不同的巡逻方式也是中美警务不同之一。

驾驶损伤性行为主要指驾驶员在饮酒、吸食毒品或一些药物之后，驾驶能力受到损伤，无法保证安全驾驶。这些物质会影响驾驶员的认知能力、情绪、控制能力、操纵能力。中国警察一般使用特定的酒精测试仪器测试驾驶员是否有酒后驾驶或是醉酒驾驶。美国警察则用一系列的测试来证明驾驶员是否存在驾驶损伤性行为。

（一）走路及转身测试

第一步：

将左脚放在一条基准线上，然后将右脚放在左脚前面，右脚脚后跟紧贴左脚脚趾。

第二步：

双手紧贴身体两侧。

第三步：

告知：在我没有下指示前保持这个姿势不动，你清楚了吗？

第四步：

向前脚跟贴脚趾，沿着直线走9步，然后转身，再沿着直线同样走9步。

第五步：

走到第9步的时候，保持你的一只脚不动，然后以这只脚为支点，用另外一只脚转过身来。

第六步：

将你的双手紧贴身体，眼睛盯着脚步，然后大声数出你走的步数。

第七步：

中途不可以停下来，直到测试完成。

出现以下任何现象，则表示该驾驶员有可能有驾驶损伤性行为。

测试的时候身体无法平衡；

开始测试得太过于迅速；

测试中途有停顿；

脚趾与脚跟分离；

没有走直线，走路歪歪扭扭；

使用双手平举，用来平衡身体；

转身错误；

步数走错。

（二）单脚站立测试

第一步：

双脚并拢站立。

第二步：

双手紧贴身体。

第三步：

告知：在我没有下指示前保持这个姿势不动，你听清楚了吗？

第四步：

将你的一只脚向前伸展离地约 6 英尺，脚尖朝外。

第五步：

双脚伸直，双手紧贴身体。

第六步：

眼睛紧盯抬起的那只脚。

第七步：

大声数数，数到让你停为止。

出现以下任何现象，则表示该驾驶员有可能有驾驶损伤性行为。

摇摆不定；

使用双手平举，用来平衡身体；

单脚跳；

将抬起的脚放下来。

（三）数数测试

分别将大拇指与其他四指相碰，并同时数一、二、三、四、四、

三、二、一，数数必须与手指同步。如出现不匹配现象则有驾驶损伤性行为的嫌疑。

（四）眼睛跟随手指移动测试

警官伸出右手食指，放在驾驶员眼睛前，让他的眼睛跟着手指的移动而转动。手指左右移动用来测试驾驶员是否醉酒或饮酒。手指上下移动用来测试驾驶员是否有吸食毒品或是服用药物。

警察一旦有了 probable cause 便可以将有嫌疑的驾驶员带回警局做更进一步的调查，在经过上级批示后，可以使用特定的血液酒精或是药物测试仪进行检查。

一个星期的见习日子，太过于短浅，但我相信这些日子将会成为我们每一个人永恒的记忆，我们学到了课本上所没有的知识，见识了国内所接触不到的美国警务，中美警务自有不同之处，也各有所长。我们体会了作为美国警察的骄傲与无奈，我们同样感受到了这一周他们对我们的用心付出与真心对待，在我离开的时候，Jay 警官递给我整套案例的卷宗，于我而言这是多么宝贵的内部资料。这样难得的人生经历，定将铭记于心。

那段一起写论文的日子

淡淡的青草香，习习的微风，微微眯眼，张开手臂，让暖暖的阳光晒在身上，好温暖。好久没有这样，放缓了脚步，细细看看蓝蓝的天，白白的云。交上论文的一刹那，忽然觉得一下子好轻松……从任老师手中接过打印好的彩色终稿时，觉得这么久以来，所有的辛苦和努力都是值得的，无论结果如何，至少我们曾经一起很认真地奋斗过。

College of Criminal Justice 2nd Annual Undergraduate Conference 是面向山姆·休斯顿州立大学刑事司法学院所有本科生开放的比赛，比赛内容包括 paper 和 poster 两部分。我们小组选择的参赛作品是论文，前期的准备工作包括构思论文的主体部分，邀约指导教授，递交申请表等。从申请到交稿一共有二十几天的时间，其间包括9天的春假以及两个双休日，由于平时是正常的上课以及考试，对于第一次正式写英文论文的我们来说，这点时间，并不算充裕。

合理的时间安排和计划是必需的。具体来说：第一阶段，我们将春假前的所有空余时间用来和指导教授沟通，讨论文章的重点部分以及收集相关的资料。和指导教授的沟通是非常重要的，文章大方向的把握、布局，抑或是有时候我们想不到的点，不懂的问题，教授的三言两语常常能使我们茅塞顿开。在确定好大致的框架后，我们开始收集相关的资料，在这部分，我深刻体会到小组合作的优越性。对于一篇优秀的学术论文来说，引经据典是不可或缺的，换句话来说，我们的论文不可以是口水文章，所有的观点都要在已经发表的文献中找到相似的论文来支持。举例来说，如中国的警务是高度集权制的，看似众所周知的知识，但在英文的论文中，必须找到之前发表的文章中相同的观点，称为"citation"。巨大的阅读量，小组每人分摊一部分，大大减少了个人的工作量。资料的收集也是一门很大的学问，学术论文中的citation的来源必须可靠、有效，可以是peer - reviewed期刊论文，也可以是scholarly书，但不可以是网上任意找到的没有出处的文章。美国图书馆可叹的藏书，资源丰富的database为我们提供了方便的途径。相同意思不同关键字的输入，相应搜索出来的文献会是不一样的。在找到最相近的可用的论文后，查看这篇论文后面的参考文献，然后再搜索，周而复始，像是滚雪球般，资料会越来越多。

第二阶段，则是整段的春假论文写作时间，从3月13日到3月18日整整6天。首先，我们将文章切割成4块主要内容：警务系统构造，警务招募培训，武器使用以及警务的功能。刚开始写，不知道从何处着手，写写停停，停停写写，随着看的相关论文越来越多，写着写着，思路也开始变得顺畅。基本上每天都是写到两三点才睡觉，睡醒继续去图书馆接着写，整个脑袋里装的全是论文的问题，走路的时候想，吃饭的时候想，甚至喝水的时候也在想，原本碰着枕头就会呼呼大睡的我，居然也会辗转反侧，难以入眠。由于英文的论文对于citation有着特别的要求，如引用别人的原文观点未加引号则会被认为是抄袭，在论文的写作过程中，我们花了大量的时间为自己的观点、内容找发表过的文章，并且对照 APA 论文的格式规范和修改 citation 的格式。最后一个阶段是论文的修改。由于完成论文的时候学校的写作中心仍未开门，所以只能将论文发给在写作中心的朋友，请其修改最初的语法字句错误。然后发给指导教授，进行初稿的审阅。论文前前后后一共修改了七到八次，每一次修改都让我受益匪浅，渐渐明白为什么需要做这样的变动，为什么有些段落会无足轻重。

这篇论文，让我重新唤醒了用心努力的心情，有些感觉，失落了太久。非常感谢任老师，我们的指导教授，一次一次不厌其烦地告诉我们文章哪个部分需要修改，哪个部分需要重新添加内容。尽管任老师很忙很累，仍然一遍遍帮我们修改，当她告诉我，她还从来没有帮学生这样一字一词地修改过任何一篇论文，我们是例外的时候，心里是满满的感动。那么云淡风轻的语气，那么轻描淡写，却会让我们觉得，有这样的指导老师，有多么自豪。还要谢谢我们整组的同学，虽然我们有过争论，有过意见不一，但是，肩并肩一起努力的感觉真好，那段奋斗的日子，谢谢有你们，陪我一起过。

翁一凡

个人简介

本人翁一凡，2007年7月毕业于嘉兴市第一中学，通过高考选拔以及浙江警察学院的入学体能测试，于2007年9月考入浙江警察学院。

入校学习以后，本人通过选拔性考试，有幸考入2007届国际警务合作班。本人在2007届国际警务合作班学习期间，获得二等奖学金两次，三等奖学金三次，并获学院三好学生称号，顺利地一次性通过英语四六级考试；在校期间，我还一直担任大队督察以及学院学生社团羽毛球社负责人。在2008年浙江省第十一届“挑战杯”大学生课外学术科技作品竞赛中荣获三等奖，同时在2008年公安部公安院校科技应用创新成果大赛中也荣获二等奖。

本人于2009年8月通过学院选拔，成为首批赴美国留学访问的16名浙江警察学院学子之一。在美国山姆·休斯顿州立大学刑事司法学院学习期间，每门课的成绩均能在班中名列前茅，和老师、同学相处融洽，积极参与山姆·休斯顿州立大学的各项学校活动和学科竞赛，与山姆·休斯顿州立大学的张双跃教授等老师、同学一起合作撰写的论文被美国传媒协会第96届年度大会录用，并应邀参加研讨会。

2010年5月底，本人归国以后，便马上投入到2010年上海世博会安全保卫任务的前线。在世博安保期间，始终坚守在世博会的前线卡点上，未有一天因私请假。历时5个多月，近一个月的通宵夜班，最终胜利完成世博安保任务，荣获集体二等功，并获先进个人称号。

世博安保任务结束，又于2011年1月开始在杭州西湖景区南山派出所实习。实习期间，严格遵守实习纪律，无一天病假事假，有工作、有任务始终能抢在前面争着干，深受实习单位领导和老师、同学的好评。同时，我也经受了党组织的考验，光荣地成为一名预备共产党员。

从浙江警察学院顺利毕业以后，本人于2011年8月被分配至嘉兴市公安局，并于同年9月在嘉兴秀州区公安分局油车港派出所开始为期一年的新警锻炼。

未来的警察在中国

中国和美国作为当今世界两个享有举足轻重地位的国家，在其各自的政治、经济以及文化领域都呈现出不同的特点。而作为社会维稳力量主要组成部分之一的警察，自然也是各具特色。通过一年亲身在美国的学习生活感受和在美国警察局的见习体验，让我也有了一点感悟与思考。

如果说美国的警察力量是美国几百年来形成的法律规范维系的基石的话，那么中国的警察力量就是中国特色社会主义事业稳定发展的坚实保障。政治对于中国警察的影响远比政治对于美国警察的影响来的大，当然这也并不是说政治对于美国警察就没有影响。这只是一个相比较得来的判断。因为美国对警察的规范和保障主要来源于已有法律条文的规定和约束，而在中国，法律的规定就显得没那么细化了，在具体的操作当中，弹性的内容和受影响的因素会更多。举个例子，就拿武器的使用来说，在美国，警察更有理由也更确信自己可以使用武器，但在中国，武器的使用就显得有些畏首畏尾，这一方面与我们的国情有关，全民基本上没有什么有威胁的武器，而另一方面，法律对警察使用武器的规定比较模糊。再举一个例子，国内对公安机关的工作内容的把握上，往往要考虑到很多政治性的因素，如强制拆迁，这本不应该是警察的职能，但在很多时候，公安机关不得不参与其中。再如，迫于形势的需要，公安机关每年都有不少的任务和指标，虽然说美国警察也有他们规定的任务量，但其对于警察日常工作的影响则远没有中国来得那么大，分散那么多的精力。社会的治安环境本身就是不断变化的，犯罪的发生更是又有规律又没规律的，这些都不是人为能主导的，很多想法固然好，但具体的执行往往比实际的结果更有意义。

与美国警局警官们的合影

在过去，中国警察的定位主要是打击犯罪，但在近十几年间，中国警察的职能开始在慢慢发生转变，开始越来越注重警察的服务职能。公安机关也通过一些利民、护民、帮民的措施来得到群众的好感，提升群众的满意度，从而营造良好的警民关系，进而也实现从打击犯罪模式向预防犯罪模式的转变。事实上，美国警察也是一样，同样具有打击犯罪和服务群众的双重职能，但是，唯一不同的是，中国警察的任务更重，工作内容更复杂。究其原因，一方面跟中国人口多，而警察在人口中的比例相对较低有关，另一方面也与我国警察所涉及的警情更为多样复杂有关，如在美国，大多民事纠纷和家庭纠纷都主要由法院或者当事人自身来协调解决，而在中国，大到土地、劳资纠纷，小到家庭、买卖纠纷，很多时候都得由公安机关首先出面应对。就最基层的公安派出所而言，就我们最基层的民警而言，的确是权力小、任务重、难度大。那该如何来缓解这一现状呢？就是公民素质要提高，社会机制要健全起来。说到这里，我只想说明的是，不同的国情和外部环境决定了警察职能的不同，若是一味追逐西方，可能适得其反，中国的警察才是最适合中国的，警察这个东西学不来，必须有自己的特色。

在很多人的脑海里，电影中的美国警察几乎是无所不能，个个都如

美国警局的摩托车

007 一般神勇智慧。但实际上，美国警察也跟中国警察一样，都是普通人。只是美国的警察队伍中有很多都是军人出身，所以他们的军事素质和身体素质会相对优一些，但是在美国，只要高中毕业并且没什么犯罪记录就可以当警察了，反观我国，则是更为注重警察的文化理论素质，要想成为警察，必须得通过高考以及公务员考试。基于此，我们不难看出，中国的警察更为看重调解应对能力、综合理论水平和对法律和制度的掌握能力；而美国的警察则注重执法的执行力，显得更为机械。未来的警察，应该是一警多能的，这种能，将会超出警察的原本职能，尤其是在中国这样一个人口多、密度大，并又处于快速发展期的国家。因此，也不难得出结论，中国的警察也是最适合中国国情的。

也许有人会说美国等西方国家的警察似乎更为专业，没错，专业的设备和技术条件需要以强大的财力为支撑，而这些客观的条件只能通过长期努力逐步改善，相反，理念的更新才是最根本的改变。我国地区差异大，大多地区无法投入大量的财力与物力。应当着重指出中美警察最大的不同，也就是所谓理念的不同：在美国，警察是一种职业，但在中国，警察是一种事业。无论多么先进的技术还是多么具体的法律规定和

我和我的美国警察师傅

执法纪律，美国的警察永远只是一个社会维稳的部门，而中国的警察则会成为一个与民互动的平台，诸如警务室、警民恳谈等，都会将警民这两个天然的矛盾体慢慢合二为一，这种警察既神秘又亲密的发展理念，也会成为未来警察的方向，只有真正扎实地深入群众，才是最具有长效性的。

我相信，只要我们不断加强对队伍的建设，提高警察的实战素质，完善法律对执法环境的保障，明晰公安业务职能，减少无谓政策性方针对公安工作的影响，未来的警察会属于中国。

为了内心深处的祥和

在浙江警察学院的培育与老师们的辛勤指导下，我们2007届国际警务班16名学生有幸能在2009年8月至2010年5月间赴美国留学。在这一年的宝贵时间里，我们不仅学习到了美国当前最先进的犯罪学与刑事司法理论知识，也提升了自身外语应用与交流的水平，更真切地零距离感受了所谓的美国生活，初步体味了美国独特文化的内涵。

在我们很多人的脑海里，美国应该是一个崇尚自由、充满享乐，并拥有多元文化的国度。但在那里生活学习了一年，我不禁也感受到美国社会跟中国社会一样，同样有其运行的体系和游戏的规则。事实上，从某种意义上说，美国社会反而呈现出更为显著的古板和传统。在制度上，他们有着几百年发展并维系下来的刚性法律约束，作为一个判例法国家，不得不承认美国的法律是很完善的，几乎遍布了社会生活的方方面面。在日常的生活中，影响每个人生活的也一样有长期沿袭下来心照不宣的行为规范，一旦有谁违背了这些规范，他自身便能感受到相应的惩戒。例如，没有礼貌、粗鲁的人，将会失去很多朋友和机会；信用不好的人将会很难在社会上立足。虽然与我们作为外国人的身份有一定关系，但我们所接触的美国人大多都是热情而礼貌。尽管他们中的大多数人对中国并不了解，甚至对中国的印象并不佳，但是在日常的人与人交流中，在人与人客套的交往中，他们的确做得很好，简洁、大方、得体。另外，要是碰上比较正式的场合，如在参加重要的活动或是考试时，他们又能较好地遵守纪律，规范自己的言行。总的来说，贯穿于美国社会的方方面面，整个社会已经形成了一套固有的具有可操作性的体系规范。

美国作为一个文化多元、人口多元的国家，确实是名不虚传的。在美国，人们根据自身所处的阶层不同，其生活方式也是完全不一样的，因而不同阶层和不同圈子的人都按照各自的特点生活与交往。这里我想提及的是处于美国中坚基层的中产阶级的生活方式和行为特点，这部分人群也是占美国绝大多数人口比例的。美国的中产阶层一般都有相对体面的工作，看重一个人的品德行为，但是令我感触最深的还是他们的家庭观念。婚前的美国人大都不是保守派，但是一旦结了婚，很多人都会开始以家庭为主，让自己去适应一个家庭的需要。只是遗憾的是，在美国，子女与父母或是亲人之间的感情及交流远比不上中国人，这或许是因为美国人大都理性，而中国人更注重人情。

身在美国这一年，对我感触最深的，应该就数自我对人生态度和对成功的认识。在国内，每当人们提及哪个人很成功的时候，我们往往都会联想到他是一个名人或者他在事业上很成功，而且事业上的成功又往往跟这个人所处的社会地位和所拥有的财富联系在一起。但实际上，所谓的成功应该正如美国文化一样是多元的，事业上的成功算成功，个人过得快乐也算成功，在别人眼里你是一个不错的人也算成功，营造了一个幸福的家庭也算成功，成为不错的父母也算成功，为别人的生活提供了便利那也算成功，凡此种种，成功的概念是宽泛的。能影响我们获得成功感的并不是成功本身，而是我们对待成功的态度，我们的人生态度，我们的胸怀，很多时候释然一些，洒脱一些，不经意间便会收获一生的幸福。也许每一个美国人生下来之后就会被按上美国梦的烙印，但是真正的美梦却源自于我们每个人心灵深处的祥和！

郑 策

个人简介

我叫郑策，英文名 Carl，1989 年 9 月 18 日出生，浙江开化人。于 2007 年进入浙江警察学院学习，中共预备党员。

2009 学年上半学期，通过浙江警察学院选拔，我有幸获得了与另外 15 名同学共赴美国山姆·休斯顿州立大学刑事司法学院学习一年的机会。在美求学期间，本人牢记祖国、牢记党、牢记警院及老师的教诲，心怀祖国，努力适应，学习美国当地的刑事司法专业知识及其他各方面相关经验，在基本课程学习上，获得了 8 门课程全 A 的良好成绩，同时通过参加各类活动，与外国朋友的频繁交流，强化了英语口语能力，拓宽了眼界，增长了见识。

2010 年 5 月底回国后，应世博会大局需要，前往嘉兴嘉善大云派出所参加为期 5 个多月的世博安保任务。在大云所实习工作期间，我时刻以一个党员级人民警察的标准来要求自己，思想、政治立场坚定，积极向党组织靠拢，工作兢兢业业，坚守在第一线，出色地完成了世博安保任务，赢得了当地派出所的好评。此次安保任务期间被评为“世博安保之星”，并获个人嘉奖、集体二等功。

2010 年 12 月至 2011 年 6 月，本人赴义乌稠城派出所参加毕业实习。在实习期间，除学习、实践各项日常警务技能业务之外，多次协助派出所刑侦、外事部门处置各类涉外事件、案件，充分发挥了自身的特长。

2011 年 9 月下旬，我被安排在衢州市柯山分局城南派出所进行实习集训。在自身的努力及领导的关怀下，本人思想政治素质显著提升，始终保持立场坚定，在政治上、思想上、行动上始终与党组织一致，不断加强自身修养；同时，在业务上，坚持多看、多学、多思考、多实践，坚持边学习边实践，接处警业务技能稳步提升，已具备独立处警解决各类事件的能力，其他各项能力、业务技能都得到极大锻炼；工作之余，书写各类宣传报道，协助派出所做好对外宣传工作。

我的爱好较为广泛，因出生于山城，比较热爱爬山等山地运动，也喜欢打乒乓球；此外，本人喜爱各类电脑游戏，学习、工作之余也会一个人安静地看看仙侠、武打小说。

立足本国实际，谈美国警局之印象

在 Alvin 警局见习的几天中，无论是警局局长还是普通警官，社区警务都是他们经常提及的一个话题。他们称为 community - oriented policing。每当提到社区警务时，我都可以清晰地从他们的言语中感受到一股自豪。警局局长迈克第一天就对我言明，Alvin 与周边几个城市不同，不同在这里基本上所有民众对警察都十分友好，十分支持与配合，Alvin 是这附近几个城市在实行社区警务方面的典范。的确，在与他们相处的几天里，我感受到了这一点。

要全面了解美国的社区警务工作，我不得不提到几个关键词：社区、巡逻、交通，警民和谐。首先，社区警务的展开是以社区为基础，围绕社区进行巡逻，在巡逻过程中进行一系列的警务活动。Alvin 警方的社区警务就是如此，但其中的某些方面却是更纯粹、更突出。他们以几大社区为依托，每天分派多辆警车对各个社区进行巡逻，而且是全天候的，无时无刻不在进行的。从深度剖析，一方面，这在某种程度上是一种完全的威慑，等同于在告诉一些存有不法思想的人：警方随“时”随“地”都在关注着社区，他们没有任何时间、空间的空当可供利用。另一方面，各个区域都有警车的存在，且每辆警车都有完善的数字化设备，极大地缩短了反应时间，使警方能更加迅速地赶往事件现场进行相应的处置，如援助、违法分子的逮捕、紧急安全事故的处置、危险情况的排除等。当然，时刻围绕社区巡逻，频繁出现的警车无形中也增加了社区居民心里的一份安全保障。就个人感觉而言，Alvin 警方巡逻的密度、强度、跨度、深度都有所超过我所见过的中国国内同类地区，可以说他们每天都在进行着“地毯式”的巡逻，巡逻是他们践行社区警务的一大主要方式。

在此，尤其值得称赞的是其巡逻警车及整套车载设备的高效运用。美国警车的车载电子数字化系统作用强大，警车配备有笔记本电脑一台并无线上网，测速雷达一台，无线对讲机一台，摄像机一台，还有罚单器，GPS 定位仪等。电脑通过一个专门的软件平台系统随时与 911 接警中心和其他警车保持联系，接警、巡逻过程中相关车辆、人员等信息的即时查询、处警后的信息反馈等都是在该系统平台上实现的。测速雷达可随时检测前后方车辆的速度，车载无线对讲机也是用于和其他警车及 911 中心联络互助的，警员还随身携带一台对讲机，用于各种现场突发情况对友方的呼叫。摄像机则是用于对整个处警过程的录制，而罚单器是用于开具交通案件的相关单据的。GPS 定位仪能帮助警员第一时间了解事件发生地点。911 指挥中心接到报警后可根据电子地图上各警车位置显示立即派遣离目标地最近的巡逻警车前往。而在警员遇到疑难案件需要人手增援时，也可通过电脑或无线对讲机随时呼叫附近的巡逻警车增援。这一切使得他们的警察巡逻变得机动、灵活而有效。

在与他们一同巡逻的三天里，给我印象最深的不是携致命武器攻击案件，不是入室抢劫案件，也不是毒品案件，而是他们处理的交通案件。通过三天的观察，我发现他们处理的案件中有半数甚至三分之二都属于交通案件，而且还是在某些时候抱着手下留情、放其一马态度的情况下，如果他们真正把精力专注于此，那么交通案件绝对会暴增。他们关于交通的法律法规制定得很详细，如超速、超过安检期、未购买保险、车灯破损、无证驾驶等都属于违法违规。在环绕社区及社区内的公路上巡逻时，他们时刻关注着来去车辆的一系列情况，一旦发现车辆在某方面存在不妥，便会立马亮起警灯，直追而上。车载测速雷达的使用，成为超速者的噩梦，长期观察培养出的锐利眼光，洞穿了一个个安检过期的车辆。从这里我们不难看出，他们十分注重安全驾驶这一方面，从法律法规上加以严格仔细的规范，从而促进公民交通安全意识的提高，尽量避免交通事故的发生。

社区警务中还有重要的一环，那就是良好警民关系的构建。这一点也正是 Alvin 警局从上到下所有警察的骄傲所在。这种骄傲可以说是双方的、相互的。一方面，警方为社区居民排忧解难，给予各方面的帮助，不仅是法律上的，也是道义上的。存在相当部分的非警务活动。其中给我印象最深的是他们在处理一些家庭矛盾及个人极端情绪上所表现出的那份耐心与亲切。三天中，我与警官们遇到了许多此类情况。实习最后一天，我与 Vincent 警官接到一起人员失踪案件，来到当事人家中，经过了解，原来是婆媳矛盾，媳妇出走，杳无音讯。警官一边与那位老人耐心地交谈、安慰，一边通过其透露的信息向警局信息中心请求援助，最后终于得知了出走媳妇的号码并联系上了怀恨在心的她，通过一个小时马拉松式的交谈与开导，终于说服了媳妇，使其愿意回来到警局作进一步调解。整个过程很漫长，却也很精彩，从最开始其不愿归来到最后对 Vincent 警官完全信任，来警局哭诉。这一切的一切让我切实体会到了警民之间那朋友式、亲人般的关系。在一旁看着，虽然未说一个字，但对自己仍然触动很大。我想这就是他从警的一种理念、一种境界。而在另一方面，社区居民对警务活动也十分配合，在必要情况下能给警察提供一定的便利与协助。例如有一次，我们逮捕了一位有犯罪前科的车主，却苦于不知在何处安置他的车辆，而旁边加油站零售店店主则主动允许我们将被逮捕车主的车停入其停车场。可以说，在这里警民之间形成了一种良性互动。

与实习警局的警官合影

如上所述，与中国警务实践相比，美国社区警务在很多方面还是存在一定差异的。最明显的便是交通案件的处置。中国有独立分化出的交通警察部门专门负责处理各类交通案件；而美国则将交通执法也归入普通警察执法行列，职能合并。美国的社区警务是围绕巡逻这一主体展开的，在巡逻中发现、得知案件，在巡逻中处置以及制止、预防案件，其巡逻更具实用性、广泛性。而在我们中国很多地方巡逻还未上升到这种高度。这也许是两国的具体国情不同而造成的。

感受美国学术研究氛围

学习在美国给我印象最深的是美国学术界浓厚的学术氛围。总的来讲，美国的学术研究具有以下的特点：

首先，实证研究在学术界非常盛行。翻开我们所学的教材或者图书馆中的书籍与学术杂志，我们都会十分容易地发现，美国的学者及教授的学术研究通常是建立在周密的实验和调查研究基础之上的，在获取较为丰富的数据和资料后，比较分析不同学者的同类实验及研究的成果，深入地对比、演绎、概括和总结，最后才得出相对科学的理论或实际成果。实证主义研究在美国的盛行是有一定原因和土壤的。研究方法的教学是美国大学生必须掌握的一门课程和技能，让学者们从普通大学生时代开始就得到了分析问题的基本技能的教育和训练。同时，美国是一个讲求实际的国家，学术上的成果必须使用翔实的数据支持才能为他人所信服。这些就促进了实证研究成为学术研究的主流。

其次，学术研究具有相对的开放性。通过仔细阅读还会发现，美国学术的更新换代十分迅速，往往是在一个实验完成刚得出某种结论，就会有人提出质疑或提出另一种新的发展方向，紧接着或许另一个更完善的实验就开始了，如此循环往复，实验结论也在不断地推翻与创新中得到更新与升华。为了能够在学术上真正做到百家争鸣，美国一些学术机构还会专门收集研究者的以往研究数据，并将这些数据上传到网络上，只要感兴趣，随时都可以免费下载，进行数据的二手利用。实际上，美国许多学者和博士生的研究成果都是来自于网络上的数据再次利用。例如，http://www.icpsr.umich.edu/icpsrweb/ICPSR/就是这样的网站，它为公众提供以往学者研究的原始数据，感兴趣的任何人都可以免费下载这些数据，进行进一步的分析和研究，以求让数据发挥其最大的价值，同时，让某一领域的研究不断地深入和深化。

再次，学术研究往往会得到强大的经济支持。当然，美国强大的经济条件也决定了其多数教授的研究经费是得到很大保障的。不同经济来源支持着学术研究，如企业、社会团体甚至是教会。不管如何，这些经费的到位，使得学术研究尤其是以实证为特点的研究得到真正的实现。

最后，良性的产学研体系，保证了学术研究的经济和社会效益。由于实证研究的翔实性，使得其研究成果往往具有较高程度的信度和效度。因而，无论是国家政府部门还是私人公司，他们都愿意采用这些成果。成果得到采纳，必然获得回报，而有了回报资金，又可以继续进行更为深入前沿的研究，形成一个比较活跃的良性循环，真正实现了以科学促发展，以发展来为科技进步提供更为强力的保障。这是我欣赏的地方。这几年通过国家统计局的相关数据我了解到其实国内每年无论是个人还是研究机构申报的专利数也在大幅度增长，然而我总感觉到似乎被部门、机构、公司所采纳利用，迅速转化为实际生产力的不多。因此，我们需要反思我们的学术研究甚至是技术成果如何有效转换为生产力的途径。

在美学习的时间是有限的，关键是感受到的学术气氛对于我们这些访学的学生来讲确实是一种新的促进，改变着我们思考的空间，改变着我们思索的途径，也改变着我们探索和解决问题的能力，因此受益匪浅。

08 国际警务班

共同的胜利

2008级国际警务合作班赴美访学区队班主任 俞秋明

为期10个月的海外学习圆满结束了，但这仅仅只是开始。

1972年，尼克松总统跨越了世界上最为宽广的海洋正式访问了中国，中美双方签署并发表了《中美联合公报》，两国关系开始走向正常化。仅仅39年后，浙江警察学院的17名中国师生在美国的山姆·休斯顿州立大学刑事司法学院、里格城警局、艾文警局和接待家庭中平等、自由地学习、实习与生活，历史正是以这样伟大的姿态不可抗拒地前进着。

今天，无论在刑事司法的理论和体制、警局的构成及功能、警务实践的模式与流程乃至生活的习惯与方式等方面，中美两国之间依然存在着很大的差异。但是，当我们在同一个教室里学习、在同一辆警车内巡逻、在同一个社区内访谈、就某一个具体案件进行技术讨论时，我们发现，差异本身是如此的美妙和有意义，是这种差异性驱使着我们相互真诚探知，并为了更好地互相理解而不懈努力。

警务工作是直接指向每个普通民众的重要社会性工作。在本次美国学习和警局实习中，来自中国的警察学院的学生们实实在在地触及了美国警务的本质，并由之而思考中国警务工作的现状和未来，这是任何非体验式教学所不可企及的高度。或许，在不远的未来，他们将抛除中国或美国的限定，本着执法行为服务民众和社会的最根本工作导向，努力思考并实践警务工作本身应有的基本价值标准及范式。当我们基于我们的差异性，也为了超越我们的差异性，在警务工作及其他各个领域无私合作并进步时，这是我们共同的飞跃。

10个月，在人的一生中是短暂的一段时光，但是当我们以合作者的身份践行合作共赢的理念及行为时，我们发现：在世界化、信息化的今天，不同地域、种族、国度的人们之间是如此的密不可分；只有在坦诚面对的前提下，以深入协助为指引，一起携手前进，每个个体及群体才能不断强大，赢得我们共同的胜利。

学生囊括美国山姆·休斯顿州立大学刑事司法学院第三届本科生科研年会所有奖项后的合影。

王贤元

个人简介

我叫王贤元，英文名 kevin，1989 年 10 月 7 日出生于浙江乐清。于 2008 年考入浙江警察学院，现任 08 国际警务合作班赴美访学区队区队长一职，中共党员。

2010—2011 学年，我有幸通过层层选拔，与其他 15 名同学一起获得了学院提供的前往美国山姆·休斯顿州立大学访学一年的机会。访学期间，作为区队长的我，在一丝不苟地完成学业，获得全 A 的成绩之余，也时刻不忘以身作则，团结和服务同学，努力建设区队。留美期间，我配合带队老师，组织同学，完成了多项重要工作任务，得到了领导、老师和同学们的一致肯定。

在校期间的学习，锻炼了我的组织能力，外国进修的一年，锻炼了我的外语能力和生活能力。如今，我也正在积极配合学院，完成外事接待任务，相信会对我的能力有进一步的提高。

我兴趣爱好广泛，完成学业之余，积极参加学院文体活动，多次担任校内各种文艺晚会的主持人，曾在学院 60 周年校庆演出中担任男主持，凭借沉稳大气的主持风格有幸得到了观众们的青睐。

“软硬兼施”

——我所认知的美国警局

美国当地时间2011年1月13日至17日，我们一行17人在美国山姆·休斯顿州立大学刑事司法学院，League city、Alvin警局的安排下顺利地进行了为期5天的美国警局实习。我被分配到League city警局，有幸与两位警官进行了两次8小时的巡逻工作，对美国警务实践有了更深入的认识。

美国的警务实践工作从硬件和软件上都给我留下了很深的印象。硬件体现在警局的外在设备，警员的装备配置；软件体现在警局开展工作的指导思想和警员的执法理念。

整个League city警局有一栋办公大楼，给人的第一印象就是明亮整洁。办公大楼只有一层，一条通道横贯整个办公大楼，办公室设置在通道两边。办公楼中设置有一个小型的会议室，亦可当小型教室，在巡逻警官换班间隙，举行小型的讲座，讲解执法规则。另设有药品检验室，可进行简单的药品检测。在办公室区域，设置有指挥中心，接受整理不同的报警电话，对路面巡逻警员进行处警的分派。指挥中心的系统可以根据GPS实时跟踪路面巡逻警员的地理位置。这套指挥系统还可以对报警电话进行地理位置的定位。同时，办公大楼中还建有小型的拘留所，主要用于对抓捕的犯人进行短时间的关押以及对醉酒人员的临时安置。

巡逻警员单独外出巡逻，每人配备一辆装备先进的巡逻车。每个警员配枪，配备防弹衣，手铐，警棍等攻击、防御以及束缚设备。巡逻车配备电脑，车辆测速器，小型高清摄像头，夜间巡逻探灯。车配电脑安装的系统可接受指挥中心分派的任务，对处警地点进行GPS导航，验证可疑车辆以及可疑人员的身份，并进行案件的记录工作。

参观当地消防队

以 League city 警察局为例，美国警察局因为有良好的装备，单警工作能力很强。除去警察局办公大楼进行各种警务工作以外，每一辆巡逻警车都可以当做一个小型的流动警务室，有能力在路面对报警进行实时处理。在我跟随两个警员巡逻的过程中，除去 1 小时用餐时间，警员大约 6 小时的时间都在路面上巡逻、处警，大大加强了处警的机动性和巡逻的有效性。同时先进的装备，也允许警员进行不同的警务工作。例如，警员能处理普通的纠纷，也可以利用车辆设备进行交通超速的监督，还能验证可疑的车辆、人员。

美国与中国物质基础的不同决定了工作形式的迥异，但美国警务工作的方式在一定程度上是值得国内警务借鉴的。例如，以单兵、车辆为基础，以在路面解决问题为目的的移动巡逻。可以大大减少因处理简单纠纷而往返警局的人力消耗；同时，也加大了路面的巡逻力度。在警局实习的过程中，又观察到，一些警员都有骑车巡逻的经历，对于经济基础有限，受气候影响较小的地区，用自行车巡逻，同时配备一定的移动电子设备或许可以提高国内巡逻部门的工作效率。

提到美国这种巡逻方式，我第一个疑问就是为什么是单兵巡逻。以我的视角，两个警员巡逻一定会比一个警员更安全。带着这个疑问，我询问了 League city 警察局局长，他给我的答案是，美国曾经做过一个研究，两个警员的工作效率没有一个警员高，同时从安全的角度来讲，一个警员巡逻也更加安全，因为两个警员一起工作容易分心，疏忽安全问题，而单独一个警员在工作的时候，会更集中精力，时时考虑自己的安全问题。研究的结果令人惊讶，但是更值得思考的是美国警务工作实证研究的精神。我国警务工作的开展更是一种经验的继承，理论和实证研究在应有的阶层上鲜有，且浮于为了研究而研究，很多时候，国外的模式照搬，缺少消化和本土化的过程，甚至脱离了中国实际。

此外，中国警务工作在理念上是先进的，如警务工作理念从打击犯罪，到服务社会的转变。但是我们对这种理念的践行只是停留在纸上谈兵的阶段，或者说理念没有深入人心。而美国警务工作的开展很好地将这种理念贯彻，不论是管理层，还是一般的警员。

我向 League city 警察局局长询问有关社区警务的问题。因为这个城市是一个小城市，流动性不大，这为社区警务的开展提供了有利的社会条件。当我问到，你们有些什么社区警务项目的时候，局长列举了一些，但他同时也强调，社区警务并不是以各种项目为依托。社区警务的开展，渗透在警员的每一次有效率的处警中，每一次和当地居民友好交流的过程中。这是他对社区警务的理解，也是他对每一个警员的要求。

与巡逻警官的合影

我与一位名叫Jason的警官巡逻的过程中，处理了一个因邻居家狗不停吠叫，无法入睡而报警的案子。在前往现场的路途中，当我谈到警务工作被很多类似于这样的小事情而浪费了大量的人力时，他反驳道，无法入眠是一件严重影响人生活质量的事情，他把这件事情的严重性等同于入室盗窃。在处警过程中，由于时间和职权的原因，他无法立即处理这个问题，但他向事主提供了各种解决的方案，并在现场主动联系各部门。尽管问题到最后并没有完美解决，但事主对处理结果仍然很满意。League city的居民对警察的评价是非常高的，这也在侧面反映了警员在平时的工作中是以这种服务社会的理念为指导的。

5天的实习生活，紧张而又丰富，从书本上学到的警务工作，在这5天中有了一个新的认识，也让我们对国内的警务工作有了比较。套用警察局局长的话说：我见过很多国家的警务工作，他们中的很大部分都是一样的，因为我们都是为了同一个目的，但是因为发展阶段的不同、背景的不同，我们仍然有很多地方值得互相学习、互相借鉴！

我们的飞机情缘

“We have landed in George Bush international airport, hope you have a great trip.”飞机广播里，空姐的声音飞进了耳里，春假旅行，完美结束！

走出乔治·布什国际机场，脸上是满足的笑容。飞机没有误点，人员没有被强制分成两组，没有因为恶劣天气而被取消航班。

2010年8月12日，旧金山，海滨城市的清新，温暖的阳光，让人有种酣畅的痛快。这是我们踏上美国的第一站。拉着行李，行走在机场通道里，第一次被淹没在不同肤色的人群之中。但惬意只是短暂的，等待改签的焦急，让原来舒坦的心瞬间紧绷。因为从上海到旧金山飞机的误点，让我们赶不上原订前往休斯顿的航班。长长的改签队伍，张望着等待，当知道团队要被分散在两架飞机前往休斯顿的时候，更是有些雪上加霜的苦楚。陌生的环境，通信的不便（当时没有人的手机开通了国际长途），似乎所有不利的因素杂糅在了一起，通通抛向了我们。所幸的是接下来的改签，安检，登机，都有条不紊，一路上相互照看，商量行事，让心中的焦虑也减了大半。又经过5个钟头的辗转，总行程24小时，我们的赴美大作战，第一仗告捷！

2010年12月22日，6点50分的飞机，我们打算利用寒假来上一次环美大旅行！凌晨4点30分，当CJ的接送车辆姗姗来迟，缓缓驶进公寓停车场时，似乎预示着这一次的寒假旅行有些九曲十八弯的味道。经过一个半小时的风驰电掣，14个人拖着大箱小箱冲进机场，打印登机牌，通过安检，长舒一口气地坐在登机口的长椅上。检票了，这时不和谐的声音冒了出来："Your tickets have not been paid yet"（你的机票付款未成功）。7个人的机票在登机前一刻被告知未支付成功。然后14个人奔波于不同的服务台间，分组对客服进行电话轰炸，但最后还是无奈改签，又一次被强迫分成两组，但依旧有惊无险。

2010年12月26日，在波士顿机场被告知前往纽约的航班取消后，不死心的我们坐着旅游公司的车颠簸了一天，在飞往美西的班机起飞前到达了纽约JFK机场，无奈这场十年难得一见的大雪吹灭了我们飞往西部的梦想。所有航班被取消，飞回休斯顿的班次最早也是在5天之后。于是，又一轮的纽约大作战拉开序幕！新年在即，客房紧张，我们在5天之内拖着行李，辗转了3家旅店，可谓人困马乏，好一阵折腾。回到休斯顿后，各个接连病倒，休整数日，这一场意外的旅行算是画上了休止符！

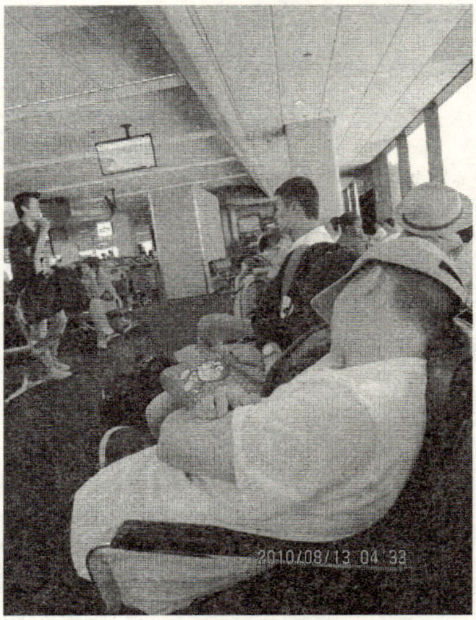

初到美国，在旧金山机场的疲惫身影

来美四次天空旅行，三次遇上了麻烦，各式各样，意想不到。"天灾”、“人祸”这样的字眼，听着、看着让人觉得这一路过得艰辛，走得疲惫。只是当翻开旅行的相册，背景变化着，但每个人脸上的笑容却一如既往。大多赴美求学的人，都有一种背井离乡的孤独感，然而我们却有 17 双手交织在一起，一同迈着稳健的步子把求学之路走稳，走踏实，那么就会有一种感动叫做“风雨同舟”。我想，可以把“一路”解析如下：各个人的脚上都有一根看不见的线连着，一路走来，留下的脚印，一个叠一个，走得安稳，印得坚实。

回国的机票已经订好，又要飞了。该好好怀念美利坚的飞机，细细回味这一路。

苍 舒

个人简介

我叫苍舒，来自鱼米之乡湖州，出生于1989年3月1日。我有个文气的英文名，叫Grace（格蕾丝）。2008年，我以优异成绩考取了浙江警察学院，之后经过层层选拔进入了国际警务合作班，通过了大学英语六级和托福考试，在2010学年又赴美学习交流一年。在警察学院我担任过团总支宣传委员，女生部部长的职务。在2008至2009学年中，我被评为校优秀团干部。

在美国期间，我担任08国际警务班赴美访学区队副团支书兼组织委员。同时努力学习，得到了教授们的一致赞扬。在美国的两学期我的成绩都是A，并且在山姆·休斯顿州立大学刑事司法学院第三届本科生论文年会中获得一等奖。

在美国期间，我积极参加团工作。负责组织了“中国城电影之夜”电影放映活动。作为留学生，我们向美国教授和同学介绍了我们的故土；作为预备警官，我们向美国同行展示了中华风采；作为中国人，我们在异国他乡宣传了我们的祖国。

在短暂又难忘的美国警局实习期间，我跟随美国警察巡逻接处警，深入美国警务工作一线。在实习之余，又与寄宿家庭的男主人（也是美国警察）就中美警务、文化差异经常进行交流讨论。真正融入了美国人的生活，融入了美国警务之中。

美丽故事

——记我的美国警局实习生活

五天的实习很快就过去了，就像一个美丽故事才刚开始，却突然结束了。在去之前心里有种种担心，但是美国寄宿家庭和警察们的热情让我们感受到了同行之间的温暖。

我的寄宿家庭是惠盾夫妻。实习第一天中午吃饭的时候我见到了惠盾先生。他夫人也是亚洲人，来自菲律宾，我们无形中就有了很多共同语言。午饭后，艾文市的市长和里格城警察局的局长讲了话。之后我们就兵分两路，各自到所在城市。我们在里格城的同学先是参观了警局，之后马上开始了巡逻！

第一天的巡逻从下午3点到晚上10点。这一天是给我震撼和让我思考最多的一天。

美国警察的现代化设备是我们相差最大的地方。每个巡逻警察都有特制的手提电脑，电脑可以连在车上充电。911可以通过电脑向巡逻警察发出指示。警察之间也可以通过电脑发信息及时联系。虽然我国也是这套系统，但做不到随身携带，汇报进程只能用打电话的方式或者是回公安局再在电脑里输入。

电脑的系统很先进，巡逻警察通过汇报自己在哪里（当然也有GPS可以显示警察的位置），显示出具体位置，以及现在是否有案件要处理。每个案件都可以在电脑上看到911接警员输入的基本信息。

穆雷先生给我看了他车上装备的一支来复枪和一支AK47。当然，美国对枪支管理的政策不同使得警察对武器需求也不同。他除了这两支枪外，身上有手枪，平时在电脑下面还会有另一支手枪。

穆雷先生对我说，曾经美国警察也只能带手枪巡逻。但某次发生在好莱坞的银行抢劫案中，犯罪分子用的是 AK47，警察的手枪根本不能与之抗衡。从这以后，美国警察都可以带杀伤力大一些的枪支巡逻了。

我国的警察虽然不会像美国警察一样遇到那么多的危险，但是可能性还是存在的。所以警察要有保护自己的意识，也要学会保护自己。但现实中很多警察不会用枪，不敢用枪，这需要我们平时加强训练。

穆雷先生还对我说，无论是哪国的警察，聚在一起总是有亲切感。因为无论你在哪里，做的事情都是一样的。他还说，不要觉得巡逻工作很无聊，每天都在重复一样的事情。其实你可以在一天内体会很多种经历，因为你要遇到不同的人，解决不同的事。

第二天我们参观了法庭和监狱。在法庭里法官给我们上了一堂简单的有关法院系统的课。之后我们参观了监狱。与其说是监狱，不如说是类似于我们国内的看守所。他们的会客都是通过视频，这样保证了安全也方便了双方。监狱很大，但是很整洁。门都是自动的，这和美国经济基础雄厚是分不开的。

下午我们 17 人进行了射击训练。每人有 50 发子弹，让大家过了次射击瘾。

第三天和第四天我跟着雅各布·豪吉斯警官。雅各布就像一个大哥哥一样，让我觉得很亲切。他总是对我说我们要抓毒贩，可以感觉到他对工作的热情。

我原以为美国警察不喜欢去不好的社区。雅各布说如果不去巡逻，这些社区会更加不好。他可以准确指出哪些房子的主人有贩毒前科，甚至熟悉社区里的车。有一辆车他说从没看到过，就马上查询。因为这辆车停在经常贩毒的人家门口，必定有什么联系。他说，下次巡逻的时候可以去车主人的社区巡逻一下，看一下有什么情况。我不得不佩服这名警官的聪明和敬业。

巡逻警车内有机器可以测速，随时可以测超速。警察每拦下一辆车，态度都很好。无论是因为交通问题的暂停还是街道报警处理案件，都要在车载电脑上写好反馈。

我觉得我们和他们相比，理念并不落后，但是我们科技水准和经济实力不行，所以他们一系列的工作都能在科技的辅助下迅速高效地完成。最大的效果就是能把自己的动态及时汇报给系统，让指挥中心和同事了解这辆警车在做什么。

在美国，有专门的巡逻警察，他们有的三班倒有的两班倒。总之是任何时候都能保证有警察在街上巡逻。但是在我们国家，起码在我见习过的地方是没有专职警察负责巡逻的。就是说我们现在还是处于一种被动的，有警才出动的状态。而不是自己主动地在街上，搜寻可疑人员。这点是我觉得两国理念较大的差异了。当然这和经济基础也有很大关系，汽油费、汽车损耗费都是不小的数目。如果我们也能做到任何时间都有警车在街上巡逻，那么人民安全感肯定会加强，对震慑犯罪也会起到很大作用。

和实习师傅雅各布的合影

入狱记

一、Holiday Unit（好礼得监狱）见闻

刑事司法制度概况的老师是一名头发雪白的长者，待人和蔼，风趣幽默。我们私底下亲切地称他为“老爷爷”。在上他的课之前我就在网上搜索了前几届学生对他的评价。老爷爷年轻时一直都在监狱工作。好多人都说，老爷爷带同学们参观监狱这个课外活动让人印象深刻，十分有意思。

所以我很期待在这学期我们也能有机会参观监狱。当老爷爷说这学期会带我们参观三个不同监狱，其中还可以参观死刑室的时候，我激动的心情难以言表。因为在国内我没有进到监狱内部看过，而现在能参观美国的监狱，还有死刑室，真是一个千载难逢让我们拓展视野的机会！第一次参观的监狱名字叫 Holiday Unit。坐落在沃尔玛超市附近。进监狱之前，老爷爷着重强调不能穿短裤和露脚趾的鞋子，尽量不要戴首饰。能带进监狱的只有自己的钥匙，而相机、手机、背包等全都不能带进去。我想拍照的愿望就这样落空了，不过也罢，用眼睛去记录吧。

监狱外貌

监狱管理人员把每个参观者的证件收齐。在他的带领下，同学们两人一排，排成一列队伍并由高高壮壮的男生打头，开始了我们的“监狱之行”。一些美国同学之前也都没有到监狱参观过。大家一路看，一路感叹。虽说是我们去参观监狱，其实反倒更像是监狱服刑人员在参观我们。大家一路走过去，被犯人们一路目送过去。搞得好些女生都不好意思了。我们参观了关很多人的大监房，在里面的犯人是没有任何隐私的。洗澡的地方，上厕所的地方都是敞开的。所以就能看到有人在上厕所、洗澡的时候，旁边的人在看电视。任何动作都暴露无遗，这种滋味可真不好受。

当然被关在大监房里的都是罪行较轻、表现较好的犯人。我们之后参观的小监房就是用来关押一些比较暴力的犯人。那些小监房是没有淋浴设备的，所以旁边有单独的洗澡间，但是很小很小，真的只能让一个人站在那里，可能有些魁梧的犯人在这里面洗澡的时候手臂都会经常撞到三面都是钢的墙壁。这个淋浴间连门都是铁丝网罩住的，可见监狱方面设计的仔细程度。我们继续在监狱里走着，看到很多犯人排着一个长队，像是在等待发放什么东西。监狱警察说："他们是在排队，想在监狱小卖部买东西。"这些犯人都没有手铐脚镣，可见他们都是刑罚较轻、表现较好的犯人。

我们接着参观了监狱餐厅，篮球场，排球场。有意思的是，监狱里的篮球场分为大和小两种。大篮球场和平时生活中的一样，唯一的区别就是四周有一圈铁丝网。小篮球场连着单人间的监房。这种篮球场大概只有大篮球场的1/12大小。也许是给一些不够集体活动资格的犯人放风所用。

在离开之前，老爷爷神秘兮兮地把我们四个中国学生叫到他身边，给女生一人一只杯子，男生一人一个勺子留作纪念。这些杯子和勺子是刚才在监狱餐厅时，监狱警察随手拿给老爷爷的，都是犯人平时用过的。美国同学看到，都捂着嘴笑了起来。我们被这个像老顽童一样的教授"恶搞"了。

大家都很期待下一次的监狱之行，更期待的是去死刑室一探究竟。

二、死刑室探秘

别人一听说我所在的美国小镇亨茨维尔，立刻想到的就是监狱和大学。亨茨维尔附近有好几家监狱，还有监狱博物馆。说到大学就是我们所在的山姆·休斯顿州立大学了。

本来第二次是要去参观 Wynn Unit（怀恩监狱）的。但是因为时间的冲突，很遗憾没能成行。所以最后一次参观 Walls Unit（沃斯监狱）的机会我们是绝对不会错过的。Walls Unit 坐落在我们大学旁边，步行不超过3分钟。我有时候去美国银行的时候会经过，两边棕黄色的高墙给人一种压迫感。在当时是没有想到，我会有机会进入这个 Walls Unit，参观它的死刑室。

像上次参观 Holiday Unit 一样，在上交了证件之后，我们又是两人

在枪支商店与各种长枪短炮的合影

一排，高个男生打头阵。监狱警察把我们带到了一座年代久远的楼里，向我们介绍 Walls Unit 的历史。Walls Unit 最早建于 1848 年，1849 年 10 月 1 日，第一批三名犯人到达监狱。而我们所处的楼就是最早的监房所在地。里面的监房给人一种像窑洞的感觉，十分狭小。天花板和铁杆上的漆都已经剥落，感觉已经很久没有人在里面待过了。里面有假人穿着曾经的囚犯服，床上也有曾经的被子。再现了曾经的 Walls Unit。

接着监狱警察跟我们大谈特谈监狱里闹鬼的事情，说是好多警察和囚犯遇到过灵异事件，连报纸都进行了报道。警察说得兴高采烈，同学们都有点无奈了。感觉这名警察还蛮适合去做八卦记者的。我之后在墙上看到了报道灵异事件的报纸，监狱方面还专门把这张报纸裱好挂在墙上。现在觉得也许是监狱为了提高知名度故意突出这一点的。

接下来监狱警察们就带着大家去了死刑室。之前任课教授老爷爷对大家说，如果任何人在死刑室里有任何的不舒服的感觉，跟他说，他会马上带他出去。当时我在想，如果谁真的受不了了那就说明这人心理承受能力太差了。但等到我进了死刑室，顿时觉得和外面闷热的气候不一样，里面凉飕飕的，甚至可以说是阴森森的。死刑室分两部分，一边是监房，用来关押即将接受死刑的犯人。监狱警察介绍道，死刑犯会在下午 4 点吃他们最后的晚餐，可以随意点餐，但得是监狱餐厅能提供的食物。等死刑犯吃饱了，6 点钟就是执行死刑的时间了。死刑之所以要在犯人吃好晚饭之后进行，是因为人在吃饱了之后就有想休息的感觉。死刑犯心理上的压力也不会那么大了。

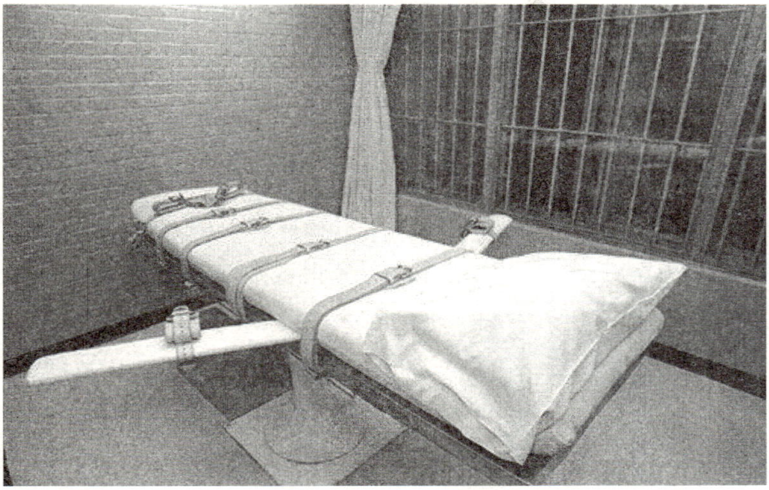

死刑室

我们继续走向死刑室的另一部分，这是核心部分，就是进行注射死刑的地方。那里放着一张床，不过还有两块板在手臂的地方伸出来，月于固定手臂。床上有皮带是用来捆住犯人的。在这间房间的两边都有连着的小房间，透过玻璃可以看见死刑犯死亡的全过程。看的人一般是犯人亲属、受害人及其亲属以及媒体。死刑犯会接受三支药物的注射，第一支会让他睡着，第二支抑制了犯人的心脏功能，第三支抑制了犯人的肺功能。可以说这是毫无痛苦，十分保险的死刑执行方法。有同学提问，如果一个犯人被执行了死刑，尸体被搬出去的时候岂不是会被关押着的其他即将执行死刑的犯人看到。监狱警察回答，的确会这样，但是在这所监狱的历史上，这样的事情只发生过两次。

当同学们提完问题，教授老爷爷带着大家走出了死刑室。室外顿时又是闷热的天气，昆虫小鸟嘈杂的叫声。我不禁感觉，生命可真是美好啊！

郭展宏

个人简介

我叫郭展宏，英文名为 Chris，男，生于 1990 年 8 月 17 日，来自浙江省台州临海市，身高 1.79 米，体重不详（哈哈）。

本人喜爱篮球、跑酷、书法、电子竞技，喜欢看好看的书，交值得交的朋友。

大学期间我所取得可以被称作成绩的东西有：学院二等、三等奖学金若干次，在美期间获得了山姆·休斯顿州立大学刑事司法学院第三届本科生论文年会海报组三等奖，参加了山姆·休斯顿州立大学校内篮球联赛 B 组进入四强，回国后获得了第十二届浙江省大学生“挑战杯”科技创新论文比赛二等奖，学院运动会男子 5000 米银牌。

赴美一年收获颇深，尤被得州人民的淳朴民风与良好的国民素质所感动。也与许多来自不同国家的朋友通过篮球、跑酷等结下了深厚的友谊。希望这一项目越做越好，越走越远。

短暂而美好的回忆
——在美警局实习生活见闻小记

简单描述这次实习生活行的大致轮廓：此行出发于美国中部时间2011年1月13日，终于2011年1月17日下午。08国际警务合作班16名同学与俞秋明老师一行共计17人。地点分为得克萨斯州的两个小镇，分别是里格城（League City）与艾文市（Alvin），其中俞老师与8名同学被安排到里格城，其余8名同学在艾文市。之所以说这是实习生活行而不仅仅只是实习，是因为此行可以分为两条线，分别是美国警务实践的实习考察与在美国家庭为期5天的生活经历与文化体验。总的来说，这5天的经历十分精彩，收获颇丰。

欢送宴会后和接待家庭合影

我的接待家庭（Host Family）是一个警官家庭，男主人叫凯文·施劳德（Kevin Schroder），是里格警局特别行动处的一名中士，分管里格城的交通监察，自行车巡逻和射击训练项目等。他有过服役经历，曾为驻日海军陆战队一员。入警后曾担任过巡逻警、刑警、犯罪分析专家、谈判专家，曾在特警队担任过狙击手，军警经历都很丰富。爱好捕猎，热爱家庭，同时是一个十分虔诚的基督教徒。妻子瑞秋（Rachel）是一名幼儿园的护理医生，也是一名发型设计师。家里孩子两男一女，大儿子迈特（Matthew）19 岁，刚完成高中准备进入大学，小儿子凯登（Kayden）7 岁，跆拳道紫带。女儿可忻（Kirsin）12 岁，能歌善舞。

在听说他们家的情况时，我就很期待见识一下这个堪称全能的家庭，特别是这位听起来经验丰富的老兵或者说老警官。但是当我们在约翰烧烤店（JOE'S Barbecue，大家第一天驱车赶往与接待家庭见面的饭店）相见时才发现凯文是出乎意料的年轻，因为他的大儿子迈特已经 19 岁，结果却发现只是因为美国人结婚较早，尤其是凯文 19 岁便已结婚生子，至今只有三十六七岁。当日下午，在将行李各自带到接待家庭的家里后，我们于里格警局（LCPD）一议事厅集合。里格警局的项目负责人 Tammy 带我们参观警局。里格城在当地应该属于中小城市，警局建筑也挺一般，但是不得不说警局的警务设施十分先进，配有 GPS 高清定位的指挥系统，能时刻掌握所有在外警察的位置与动态，配有各种防暴警车，装甲卡车，消防车，以及可移动可伸缩带摄像头观察台等。所内有较大的拘留所、健身房等。在路过警局局长办公室时，局长 Jerz 热情地拿出他的狙击枪给我们把玩，给大家分发了纪念徽章并摄影留念。参观途中我们发现了过道墙上 07 届师兄师姐们的合影照，一阵感动，虽人走茶凉，但是友谊常在。

参观完后，Tammy 在议事厅做了相关的安全说明并要求我们签订了一份人身安全方面的保证协议，后分配大家跟着各自的师傅去巡逻，我被分到了一位叫做 Tom 的老交警的车里。Tom 是一个已经从警 20 年的老交警，阅历丰富且语言幽默，一上车他就说："你可以叫我老混蛋，大家都这样叫我，你觉得看着像吗？哈哈。"原本拘谨的关系被他这一两句简单的自我调侃给瞬间拉近。接着他带我逛了大半个里格城，带我去看里格城的富人区与贫民区，一路上他指出哪里是贩毒点，如说一般贫民区里墨西哥裔的而且家门口有很凶悍的猎狗的多半是一个贩毒窝点，哪里是某某案件的事发点，哪些家的人曾是诈骗犯，哪些家的人曾是职业小偷等，他毫无保留地告诉我他所知道的经验，这让我十分感动，能对一个素不相识的人知无不谈，这样豪爽的朋友又有什么理由能够错过呢？途中他的电脑响起了提示音，说起电脑，不得不佩服美国警察庞大有力的信息网络系统与指挥系统。巡逻车都配有时刻联网的触摸屏电脑，电脑可以时刻查询嫌疑人或者嫌疑车辆的所有信息，可以查询自己的所在位置与其他警车的所在位置等。他们会用电脑时刻更新自己的状态以便指挥中心协调分配。当时是接到一个撞车的事故，指挥中心发来具体信息，并用无线电对讲机通知 Tom 前往处理，因为他距离事发现场最近而且状态为空闲。

不久我们便到了事发现场，事故大概经过是在转弯口因为视线或者种种问题，两辆车在转弯口相撞。但是我们到场时他们已经把车辆挪到了路边，事故负责方是一个二十岁左右的黑人青年，受害方是一对二十六七岁的夫妻。Tom 到达现场先做询问笔录，了解事故大概经过后索取双方的驾驶证，回到警车上用电脑查询双方的身份、车辆信息与记录，发现没有不良记录后对案件进行简要的登记上传并根据相关的条例直接用车内的小打印器打印出罚单，后拿出罚单请双方签字。有趣的是自始至终撞车的双方都没有发生任何的摩擦，甚至一直保持友好状态，都十分耐心地配合 Tom 的执法，甚至到了最后还握手合影。有人解释说是因为美国车辆保险做得很到位，撞车了也无关痛痒，可能还能赚一些，所以他们也就对撞车不太感冒。

处理了这件事故后我便回到警局，告别 Tom 后跟着凯文回到他家。凯文夫妇以及三个孩子还有一条狗热情地接待了我的到来，晚饭是鹿肉加西红柿罐头加青椒。

第二天早上，我们被带到一个沿海城市 Gavlston 参观郡法院以及郡拘留所。中午在墨西哥海湾边上的一个叫 Gaido 的饭店吃了午饭，下午来到射击场进行射击训练。其实与其说是训练不如说是体验，我在 5 分钟内用一把 9mm 手枪打了 50 发子弹，感觉不错，因为从来没有在这么短的时间浪费过这么多的子弹。事后合影留念。后 Tammy 将我送到凯文兼职的银行。这里有趣的是当地警局的警察基本都有兼职工作，一般都是去银行当保安。而那些银行本身也不招收保安，专门聘请警察坐镇，警局里还有专门负责给警员联系兼职的负责人。

晚上凯文一家热情地带我来到一片空地用木柴和煤等燃料生起篝火，来进行烧烤晚会，大家轮流唱歌，迈特拿起他的吉他，我们沉浸在音乐与快乐中。

第三天，还是跟着 Tom，他带着我在校区附近抓违章超速的车，具体流程就是将他的警车隐蔽地停在路边，用激光测速枪测速，发现严重超速的车后就驱车赶上，亮警灯鸣警笛，等目标车辆靠边后先根据车牌检查车辆以及驾驶员信息，后走出警车做相关笔录，验证驾驶员身份后开罚单并请其签字。其中有几项有趣的事情：一是美国交警一般对于限速路段都有自己的裁量权，有些人会允许超出限速 10 码有些会允许 8 码，在超出他的默认限速后他才会去开罚单。二是美国似乎不怎么用电子眼，是警察随机停靠然后暗中测速监察，虽然说相比电子眼，人力成本更高，但是有规律的电子眼的威慑力却无法与神出鬼没的交警相提并论。三是被检查车辆的驾驶员一般都很合作，警民关系很和谐。我奇怪的是为什么发现有警车跟在后面时嫌疑车都会主动靠边停下并等待警察前来处理。Tom 说他也不知道，就是这样的。经过 3 个小时的暗查后，Tom 带着我前往一个朝鲜战争老兵的个人工作间，老兵叫做 Jack，已经年逾七旬，整天做的事就是和朋友一起钓鱼、打高尔夫、喝酒、吹牛，还有免费帮朋友们修车。Tom 说他是在一个军人，在酒吧里认识了 Jack，他们一见如故，Tom 会定时去看 Jack，一是因为朋友，二是因为他认为这是其社区警务的重要组成部分。事毕，告别 Tom 回到凯文家，晚上为了给他们展示中国的饮食文化，给他们做了简单的蛋炒饭、卤蛋等。他们被中国的博大精深的饮食文化深深折服。凯文笑称一定要聘一个中国厨师。

第四天，是礼拜日，凯文一家是十分虔诚的基督教徒，礼拜日对于他们来说就是上教堂与做礼拜。总的来说，很平静。

第五天，今天是最后一天，是离别的时刻，整整一天，从早上起床后到晚上入睡前，空气都洋溢着离别的气氛。早上起来，想到是最后一天，我决定给他们再做一顿中国式的早餐，凯文闻声起来，我见到他看我的眼眶都有点湿润。本来淡淡的离别情瞬间被他升华，心里如同一石激起千层浪。其实连我自己都没感觉甚至不相信对于只待了五天的地方与人会有这么深的感情，但是那一刻，我真真实实地感受到了，他们一直努力让我觉得是他们家里的一员，他们做到了！

而后迈特带着我去附近的商场逛了一会，临了，他拍着我的肩膀说："兄弟，一定回来啊，我们会一直想你的。"感动着。

中午大家齐聚艾文市的一个餐厅举行告别仪式。菲利普教授主持了这次欢送宴，俞老师，艾文警局、里格警局的局长各自发表了对这次交流的总结与感谢等。原本就已湿润的空气再一次升华，最后 Tammy 深情地表达了她的感想，最后谈到她自己的客人或者说中国女儿时，坚强的美国女警不禁泪下，大家都动容了。

临别，许多人相拥而泣，这是我来之前怎么都没预料到的。

现在淡淡地回忆起这段深刻的经历，有的只是怀念与感动！只愿友谊永存。

得州历险记

九天的假期听起来很长，但事实是它就这样飞快地过去了，人与物都开始依稀模糊起来，而小腿伤口的隐隐作痛似乎在告诉我其实春假过了没多久。所以趁着此刻闲暇，留下些文字以备份这美好的回忆。

这次旅行从美国西部时间 2011 年 3 月 12 日早上 8：00 至 2011 年 3 月 20 日下午 3：40，历时九天。同行者为壮胆、项桥、领队 Kat (Katherine)、副领队 Rachel 与 John、搞笑三人组——自小在埃及长大的 Scout，地质学专业的 Will，19 岁的西班牙"笑帝"Juang，最后是历史专业的，据说头发在阳光下会闪闪发光的 Arron，一行共 10 人。交通工具为 SHSU 商务车一辆。携带物品大致包括：睡袋、帐篷、登山包、超大水杯、手电筒、军刀、雨披、各类食物、水一桶、各种攀岩道具等。

然后我们的大部队就出发了！

第一天的目标是 Monahan National Park，翻译过来可以说是“莫纳汉国家公园”。虽说得州已是春天，但是一路上因为荒漠地被，除了阳光下自由自在的牛群马群还能给人稍许春意外，一路的景色从上到下是蓝天—枯树—荒草—黄沙，由近到远是马路—荒漠—荒山—阔天。车外虽是荒凉一片，但是受到美国朋友们的乐观精神影响，萧瑟之气不在，感受到的却是美国西拓先人们无畏豪然的破荒精神，不禁感叹人力之伟大，人力胜天又何尝是句空话？一路伴着 Night wish 和 Eminem 的旋律，恍惚间我们便来到了一家叫 Storm's 的自称得州驰名的饭店，我点了个硕大的汉堡与红薯条，所谓特色，在我看来就是一个“大”字，大面包大牛肉大菜叶共同组成了一个大大的汉堡。另外再附上一杯近 85 厘米高的大饮料顿时让国内麦当劳的各种巨无霸汉堡们汗颜，吃完汉堡能给出的评价就是——给力！

饭后继续我们的旅程，一路酣睡，下午 17：00 左右我们开始看到了沙漠的前兆——千姿百态的仙人掌，西部时间 18：55 我们成功抵达野营地并支起帐篷。而后去附近镇上的一家烧烤店吃晚餐，在 Kat 和 Will 的推荐下我点了 Brisket（所谓带皮的牛胸肉），对于 Brisket 这个词美国朋友们在饭后进行了激烈的讨论，因为我们不理解牛的胸在哪，另外牛胸上怎么会有类似于猪皮一样的皮肉，最后讨论的结果是大家都不知道。

是夜，睡在细沙上，软软的相当惬意，半夜听到野狗在帐篷外转悠，而且还是好几只，时不时地一起发出奇怪的叫声，愤愤的继续睡，养足精神准备明天的旅程！

第二天早上，我被沙漠呼呼的寒风给冻醒过来，虽是春天，但是沙漠的昼夜温差还是不太好接受，大清早的我裹了一件羽绒衣还是觉得有些冷。出了帐篷已然天光大亮，Rachel 和 Kat 已经把我们的餐具给搬了出来，所谓餐具就是煤气炉和小煤气瓶与煤气点火器。根据 Kat 的安排，我们要做的是鸡蛋夹心的吐司，也就是在两片早餐面包中间挖个洞，然后倒鸡蛋进去炒一下（这里要说的是作为一个团队，我们每天的事情都有分工，大致分为烧饭，准备与洗餐具，导航与天气预报，日志记录以

愉快的滑沙之旅

及团队人员情况检查五项，每两个人每天负责一项工作，今天我和Rachel的工作便是烧饭)。虽然做的东西很简单，但是吃起来味道还真是不错。

饭后才是真正的莫纳汉沙漠娱乐时间，我们租了两个巨大的圆盘和两个滑板，然后在沙丘上尽情玩耍，因为怕弄得浑身是沙，开始我还只是随便看看，后来还是忍不住脱了鞋子与大家一起下了沙。由于是早上，凉透了一晚上的沙还没有得到太阳的温暖，一双脚在冰凉的沙子里冻得直哆嗦，只好一屁股坐在沙子上，心想既然裤子已经脏了也就无所谓了，在沙子里摸爬滚打不亦乐乎，结果是结束后发现从头到脚没有一处不是沾了沙子，晚上睡觉时裤袋里还能倒出沙子来。更难耐的是接下来的四天时间里我们还无处洗澡，也就意味着接下来的四天时间里都是在汗与沙的交替摩擦中艰难度过!

草草地吃了些三明治水果作为中饭，我们离开了莫纳汉国家公园向Guadalupe national park进发，这个国家公园坐落于得克萨斯州与新墨西哥州之间，公园里最高的山峰也是得州境内最高的山峰，经过4小时的车程我们到达了公园并开始搭起帐篷，接下来是晚饭时间。

晚饭后我们开始做所谓的Reflection，其实就是大家聊天，只不过会由领队主持按特定的话题顺序来，第一个话题是今天你对别人的感谢，第二个话题是你今天最开心的时候和最不开心的时候，第三个话题是你今天的发现，第四个话题是对这个团队的意见，然后领队会向大家公布明天大家的分工，稍后便是自由聊天或者睡觉的时间了。

3 月 14 日早上 7 点，我们在新墨西哥州的荒漠中迎着耀眼的日出起来，广袤无垠的国家公园的边缘是连绵不绝的山峦，望着缓缓升起的太阳，一抹沧桑感油然而生。先说说我们驻扎的地方，是新墨西哥州的一个国立公园，至于名字还真给忘了。其实所谓沧海桑田也正是形容当时我们脚下的土地，细细找寻还能找到一些曾经的化石遗迹，因为 Will 本就是地质学专业，他对这些石头特别感兴趣，特别搜集了一些作为自己的珍藏。一眼望去除了仙人掌和荒草外就是天地，唯一能证明我们还处于现代人类社会中的证据只有一条高速公路以及上面的汽车。最令我感兴趣的是发现了许多牛粪，因为这是我发现的唯一的动物踪迹（事后才知道这些牛是半放养的，大失所望）。

早饭后我们驱车前往号称美国最深最大的地下溶洞（Carlsbad Caverns National Park，纵深 750 米，全天然形成）。漆黑一片的溶洞却有过无数勇敢的探险者的造访，很难想象没有开发时是怎样在漆黑一片中行至地下 750 米。溶洞中还保留着一些探险者曾经亲临过的遗迹——由上而下的绳梯，也许当时能和他们相伴的便是洞里的蝙蝠和蛇了，想到这些便也肃然起敬。溶洞中其实是不允许使用相机的，因为害怕相机的闪光灯破坏溶洞中的生态，别看只是暗无天日的溶洞，还是有许多不为人知的生物，所谓的无眼鱼就是一种，我只好关掉闪光灯加长曝光时间来记录下这些大自然的鬼斧神工，如龙如虎的溶柱看起来格外壮观。一路下来，唯一的遗憾是，自始至终没有看到一只蝙蝠。望着眼前的黑暗我与 Will 笑称 2012 年以后我们可能就得住这了。末了，我们乘电梯回到地面上。

晚上在篝火边闲聊时 Kat 的一句话让我印象深刻，她说前些天她遇到一对老夫妇，他们感叹道："我们除了时间以外已经一无所有。" Kat 看着篝火感慨道："也许在年轻时我们没必要过于逼自己。" 人生苦短，本不就该是做自己想做的事吗？许多人往往会说结果不重要，重要的是

在得州最高的山峰上我们留下了自己的名字

享受追求的过程。但人往往一旦有了追求，那份假想的结果常常会蒙蔽你的双眼，让你忽视了过程。所以我突然之间想起了古人的一句话，“无心插柳柳成荫”，在过程中尽自己最大的努力，才可能在最后得到意想不到的收获。

陈旻茗

个人简介

我叫陈旻茗，有一个响亮的英文名，叫Jessica（杰西卡），来自浙江宁波，出生于1989年10月21日。现在已经是一名光荣的共产党员。于2008年考入浙江警察学院，并于同年10月份入选国际警务合作班。在警务班为期2年的学习中，我们不仅抓紧课堂内的上课时间，还高效地利用零碎的课余时间来努力学习。在过五关斩六将之后，我很荣幸地被选中远赴美国进行为期一学年的学术交流。在校的两年中，我前后担任过学生处督察、校学生社团联合会公共关系部部长等职。

2010年8月，我们踏上了美利坚的土地。面对全新的生活环境和学习环境，我们丝毫没有畏惧。我们延续了在警院忠诚严谨的作风，在生活中以“高标准严要求”来提醒自己不要忘记自己的身份。在同学和老师的帮助下，我们在经历一段磨合期之后适应了那里的学习环境。值得一提的是，我们除了完成学业之外，还积极参加了当地学校组织的各类活动。我个人获得了山姆·休斯顿州立大学刑事司法学院第三届本科生论文年会论文组第二名的好成绩。我们整个团队在山姆·休斯顿州立大学内开展了“中国城电影沙龙”的系列电影沙龙，我作为这个项目的负责人也付出了不少的心血。我们选择了10部不同时期的中国电影来向观众诠释不同时期的中国，此次电影沙龙也得到了中华人民共和国驻休斯顿领事馆的支持，他们称赞我们是“宣传中国文化的民间大使”。

回国之后，我积极投身到援外工作中，利用自己的所长为建设自己的母校贡献自己的绵薄之力。希望在今后的公安工作中，能够继续尽自己所能发光发热。

扬长避短，西为中用

——美国警局实习体会

在高中毕业之后，我如愿地考上了我所钟爱的大学，浙江警察学院，我所在的专业是国际警务合作，成为一名英姿飒爽的人民警察是我儿时的梦想，而梦想离现实又近了很多。

转眼间，我就大三了，很荣幸我可以代表一名中国预备警官以国际交流生的双重身份来到美国展开为期一年的交流学习，更荣幸的是在当地学院和教授的努力下，我有机会可以到当地的警局进行为期5天的实习。

常言道：工作一两年胜过十多年的读书。5天的实习时间虽然不长，但是我从中学到了很多知识，关于做人、做事、做学问，实习给我步向人生另一个阶段上了一节悠长而充实的公开课，使我终生难忘。实习，使我拓宽了视野，增长了见识，体验到社会竞争的残酷，而更多的是希望自己在工作中积累各方面的经验，为将来自己正式走上工作岗位做准备。实习，是毕业生重要的一课，付出了便有收获。这次实习，让我获取了经验，认识了不足，体验了警察这个神圣职业，也感受、思考了许多公安体制改革的问题。在以后的路上，我会珍惜这些经验，让自己做得更好。

一、与人相处很重要

踏上社会，我们与形形色色的人打交道。而与拥有着不同文化背景的人在一起工作，采取的工作方式也肯定大相径庭。互相学习，互相指正，互相磨合和互相适应是我们秉承的原则。在警局里面工作的警员都拥有丰富经验，而我们作为刚融入这个集体的新鲜血液必须得有礼貌，谦虚地向他们请教问题。时间是检验真理的唯一标准，我们在学院学习的更多是理论知识，是理想化状态的东西。我们必须承认理想和现实是有很大一段距离的。如何把我们所学的知识更好地融合到平时的工作中是我们面临最大的问题，我所认为的捷径就是多向老警察请教。

二、工作很辛苦

我们所在的 Alvin 警局的巡警是 12 小时班制的。每天在规定的时间上班，每天早 6 点上班，晚 6 点准时下班。12 小时的上班时间除去吃饭时间，都是在路面上巡逻的。因为案子是随时可能会发生的。上班期间要认真准时地完成自己的工作任务，不能草率敷衍了事。我们的肩上扛着责任，凡事得谨慎小心，否则随时可能要为一个小小的错误承担严重的后果，那将不是一句对不起和一纸道歉书所能解决的。

参观艾文市消防站，与最早的消防车合影

三、需要自学能力

在大学里学的不仅是知识，更是一种自我学习的能力。实习后我对这句话的含义体会深刻。在这个信息爆炸的时代，知识更新太快，我们必须在工作中勤于动手慢慢琢磨，不断学习、不断积累。我觉得作为警察，尤其是普通民警，要把一个纠纷调解好、把一个材料整理好、把一个案子办好、把一份卷宗装好不是一朝一夕就能达到的事，所投入的时间和精力就像海里的水一样，不可斗量。每个人都有自己的性格、爱好，也有各自的薄弱环节，要把每件事都处理好，谈何容易！

短短 5 天的实习，我见识了许多，收获了许多，也学到了许多东西，遇到了一些困难也看到了自己本身存在许多问题，这些很多都是课本上没有而工作以后又必须具备的东西。

虽然我还是有一些小缺点，但是我一直在提高自己，一直在不断的进步中。但是从大的方面来说，我时刻准备好了同一切违法犯罪作斗争，只要我们的社会一天不安静，那么我要做警察的梦想一直就会继续。警察的天职就是保护人民的生命财产安全，绝对不让犯罪分子逍遥法外！我知道在执法的时候会遇到一些危险，但是在上大学的时候，我就决定，在人们需要我的时候，我会献出我的生命来保证人民的安全，绝对不让犯罪分子得意，不让犯罪得逞，我会一直斗争的！

实习期间，当地警局向我们介绍反恐装备

我会牢牢记住我是一名中国人，是一名在中国共产党领导下的中国人，不久之后我就是一名人民警察，我会利用自己的特长或是优秀的方面，来帮助那些有困难的同学，在社会中坚持党和人民的利益高于一切，个人利益服从党和人民的利益，吃苦在前，享受在后，克己奉公，多做贡献。密切联系群众，向群众宣传党的主张，遇事同群众商量，及时向党反映群众的意见和要求，维护群众的正当利益。与此同时还要切实开展批评和自我批评，勇于揭露和纠正工作中的缺点、错误，并发扬社会主义新风尚，提倡共产主义道德，为了保护国家和人民的利益，在一切困难和危险的时刻挺身而出，英勇斗争，不怕牺牲。以我的实际行动来报效祖国。

文化沉淀的烙印

2010 年 10 月 8 日，收到杰瑞·道林夫妇的邀请，我们一行 17 人在山姆·休斯顿州立大学刑事司法学院的安排下前往他们的家。这是我们第二次进入 woodland（伍德兰德）的住宅区，上一次还是因为美国友人 Jessica（杰西卡）的生日。

20 分钟之后，车子拐了一个小弯，然后渐渐减缓车速，最后刹车熄火。抬眼就看见道林那肯德基老爷爷般的微笑，热情地招了招手过去后，还是熟悉的那种拥抱姿势。他在他家的小院子外迎接了我们到来的同时也给我们介绍了他的中国朋友——Grace Jia（格蕾丝·贾）。

道林夫人的娓娓道来，让我们深深感慨

Party（派对）在所有邀请客人到来之后开始了，大家津津有味地品尝着 Mexico Taco 之余还和主人轻松地聊着天。道林夫妇也引领着我们参观他们家的各种摆饰，还不时热情地告诉我们每个摆饰背后的故事。在他们厨房边上的墙上挂着十二个一系列的盘子，这代表着他们相伴十二年走过的岁月，每年的结婚纪念日他们都会去买一个当年出的盘子以表纪念。盘子上各种腾龙起跃的釉彩图案似乎也在告诉着我们它们存在的真正价值。或许这些盘子我们在一些二手市场都能一次性买到，但是它们代表着的意义却是截然不同，少了那份岁月的积淀和携手走过的时光，那盘子俨然也只是一堆烂泥。

偶然在席间去洗手，蓦然发现放纸巾的盒子居然也是古色古香的淡

每一个盘子背后都有着一个故事

雅，没有绚丽的色彩，没有哗众的镂刻，亦没有硬朗的线条，但却有异样的魔力似乎能触及人心底最柔软的悸动。道林的夫人告诉我们，这些古色古香的摆饰是道林家族一代又一代的传承，每次前人的离开意味着后人要带走属于他们的“记忆”，把那些珍贵的“记忆”放在家中，每一次的搬家唯独不能少了那些“记忆”。

曾几何时，“文化”一词已经不再是部分人的专利，人们在追求物质文明的同时，对精神文明的需求也与日俱增，他们通过各种渠道来获取知识，弥补缺氧的大脑。但是理解的都只是停留在外延，缺少的是那么些格物致知的精神。在国内，我也曾看到那些所谓的富翁以天价买回一个其貌不扬的花瓶，其实他们全然不知其真正的价值，只是将其放置于墙角一隅，在家中有人到访就引以为傲地声称对其的所有权，赢得的也只是那么点欣羡。“九层之台，起于垒土；千里之行，始于足下”，倘若真的懂文化，也许不用花费那么昂贵的价钱，收集前一辈或是前两辈的旧物，然后告诉后人以传承，那么若干年后，原本不起眼的旧物也会价值连城。记得余秋雨在他的《文化苦旅》中提及那个王道士将莫高窟里面的壁画卖给斯坦因时的那种心痛：

我好恨
恨我没早生一个世纪
使我能与你对视着站立在
阴森幽暗的古堡
晨光微露的旷野
要么我拾起你扔下的白手套
要么你接住我甩过去的剑
要么你我各乘一匹战马
远远离开这天的帅旗
离开如云的战阵
决胜负于城下

文化的积淀是一个漫长的过程，来不得半点虚假和敷衍，“生也有涯，无涯惟智”，谁都需要文化的采集和酝酿，圣人在积淀的过程中扬长避短，取精去劣；凡人也在积淀的过程中感悟、体会。

夜深了，坐在回程的车上，倏见路边的路灯一刻不停地往后奔跑，间歇的一束束路灯光照着生疼的眼……Good night！Mr. &Mrs. Dowling（晚安，道林夫妇）。

夏壮胆

个人简介

本人夏壮胆，我有一个简单而又朴实的英文名 Ben。出生于 1988 年 2 月 18 日，我的家乡在气候温和的温州。我的爱好很广泛，属于动静结合型。安静的时候喜欢听音乐，喜欢读书和看电影，懒洋洋地享受自己的精神世界。天气好的时候喜欢打篮球、跑酷和打羽毛球。经过高考，我顺利地在 2008 年 9 月进入浙江警察学院就读，我觉得自己天生就是当警察的料，能成为警察是我的荣耀。由于从小喜欢英语，有了较好的英语基础，并且对国际警务合作有很大的兴趣，于是在大二时成为国际警务合作班的一员，希望可以在国际警务合作方面有所斩获。我的求知欲比较强，在校表现优异，曾担任过区队干部。

在学习方面，2008 年和 2009 年曾四次获得三等奖学金；在校期间，我顺利通过了英语四、六级考试，并成绩优异。2010 年 8 月 ~2011 年 5 月，我在美国山姆·休斯顿州立大学刑事司法学院学习期间努力学习，全 A 通过了八门课程，并获得刑事司法学院颁发的结业证书。

我的梦想是环游世界，游历各国，领略山川和城市的美景。

美国警局实习趣闻

五天的美国本土警局实习虽然很快就结束了，但是那段时光带给我们的是无限的快乐，无限的思念和无限的收获。

在 Alvin（艾文）警局，我们 8 人受到了热情的接待，热情得甚至已超出我的想象。见到我接待家庭的男主人的时候，心还是有点紧张地狂跳，却又说不出自己在怕什么，不过我想大家也都会有这样的感觉吧。经过自我介绍得知男主人名叫 Matt（马特），个子虽然不高，但在宽度上却有着典型的美国大兵的粗壮。事实上，他后来跟我聊天时聊起，他曾当过兵并且参加过科索沃战争，后来因为意外受伤才回国选择了警察这个职业。

通过这几天的接触，我不得不从内心里对他产生了敬佩之情。虽然他只是一个普通的警员，但却有着作为警察的强烈荣誉感。从他身上可以看出无人能比的自信和从容。从生活和工作中可以看出，Matt 是个在生活上很顾家，在工作上很敬业，对朋友很热情的一个人。第一次见面，他就带我去了警务装备商店参观，并送我一双警用手套作为见面礼，我开心地连声道谢。Matt 工作十分积极，早上 4 点半就早早起床。那时天还是漆黑的，他的妻子和孩子都还在熟睡。他走过来轻声跟我说："你准备好了吗？"我点头示意准备好了。他便蹑手蹑脚关上卧室的门，为了不吵到家人，这个简单的关门动作他居然用了足足 4 秒钟的时间。虽然只是一个小小的细节，但足以给我深刻的印象了。我问 Matt 他的业余爱好是什么，他说除了收藏枪，就喜欢陪着家人，因为警察本来就没有太多空闲时间，因此抽时间和家人在一起是很重要的。在实习的这段时间里，十分感激他的盛情招待，给我留下了最为难忘的回忆。更重要的是我和他还有他的家人建立了深厚的友谊，我想我们的友谊会一直保持下去的。

我是神枪手

实习的第二天，我们早早地来到了警局。Matt 热情地带着我参观了警局，健身房、更衣室、办公室、会议厅、武器库、历史纪念廊还有拘留所等，可谓大开眼界。随后他便说带我出去巡逻。可能是太早了，马路上还找不到几辆车呢，Matt 就跟我打趣说，天还黑呢，等那些家伙起床了我给你好戏看。把我逗得扑哧一声笑了出来。虽然嘴上没说什么，但心里已充满了感激。在后来的两天里，他似乎特别地卖力，去了各种案件现场，他说他想让我在这两天尽量多地看到美国警察的警务工作。他还带我去了他经常去的餐厅吃早饭，感觉很好吃，他却说："饭菜不太好，你就将就一下吧，晚上让我老婆给你做好吃的意大利料理。"当时我的心里只有感激。

与接待家庭的全家福

经过这几天在 Alvin 警局的实习，我们不仅增长了见识，更重要的是和 Alvin 警局的朋友们建立了深厚的友谊，真心希望他们也能到中国来看看，我们一定会更加热情地欢迎他们。

真心祝愿我们的友谊天长地久。

在美国的除夕宴

为了响应带队俞老师的号召："今年春节一定要热热闹闹的！"我们所有的同学早就在半个月前就开始计划筹备春节聚餐的各项事宜了。为了让这个不在本土度过的除夕夜更加有春节的气氛，同学们自己动手写对联，写"福"字，自制请帖，挂灯笼，并置办了各样年货，就连贴对联用的胶水都是自制的传统糨糊，可谓中国味儿十足！在置办年货的过程中，我第一次感觉春联的作用如此之大，特别是当喜庆的春联跃上红墙的时候，顿时感到喜庆了，有年味儿了许多。中国人喜欢红色，因为红色代表了热情和喜庆。鲜艳的红色仿佛有神奇的魔力，把整个房间装饰得充满迷人的春节气氛，给人温暖的感觉。有人开玩笑说要是把"倒福"改成"红双喜"，还以为有谁办喜事呢！

除夕宴上和赵继宏教授合影

再说说房间的事，鉴于邀请的客人众多，如果按照原来的家具布置，我们的空间显然不够。于是我们打破常规，改圆桌式为自助式，这样一来便能容纳更多的客人了，而且也更合美国人的饮食习惯。说实话，怎么吃都不要紧，关键是大家开开心心过春节。真是皇天不负有心人啊，经过几天的努力，终于，我们成功地按照计划在101公寓举办了大家期待已久的迎春派对。派对如期而至，我们很荣幸地邀请到了山姆·休斯顿州立大学刑事司法学院的院长韦伯·文森特及其夫人、院长助理阿曼达、华人教授赵继宏和几位美国教授，以及来自国内大学赴美交流的老师，另外还有远道而来探望陈旻茗同学的父母。派对一直持续到夜里11点多，餐桌上已杯盘狼藉，客人们却还意犹未尽，借着酒兴相互吐露真情，“同是天涯沦落人，相逢何必曾相识”。是缘分让我们相聚在这异国他乡，却像久别的老友一样纵情拥抱、大笑，不时发出“人生不易”的感叹。

在美国的除夕宴上与韦伯院长及其夫人的合照

这次派对真可谓大费周章。俞老师为了这事废寝忘食，忙前忙后，四处张罗，头上的白发也增添了许多。俞老师说：“所有的辛苦都不算什么，忙碌里至少带着春节的气息。”看来他乐在其中。这次春节派对总结起来就一句话，困难多多，成果喜人。只要同学们齐心协力，问题就能迎刃而解。在美国能举办这样一场春节派对真的很不容易，但春节是中华民族最重要的传统节日，它标志着农历上旧的一年结束，新的一年开始，因此我们没有理由不好好庆祝一下。来美国已经5个月，有谁不思念家乡的亲人呢？但我想说，爸，妈，姐，感谢你们这么支持我，我在这过得很好，请不要挂念。祝你们身体健康，事事顺心！

刘可忻

个人简介

我叫刘可忻，英文名为 Cathy（凯西）。“忻”有乐观开朗之意，这也就有了我积极面对生活的心态和性格。我于 1990 年 4 月 6 日出生于越剧之乡嵊州，却并非传说中的“90 后”和“白羊星座女生”。我为人坦率、热情、讲求原则；处事乐观、专心、细致、头脑清醒；富有责任心、乐于助人。我爱好旅游，擅长写作。所谓读万卷书，行万里路，我喜欢去各地感受不同特色的风土人情，用自己的文字记录下各个地方的人文情怀，不断开阔自己的视野。作为国际警务班的一员，我当然也与英语有着不解之缘，而这种独特的情结则使我多了了解异国风情、放眼看世界的机会。

在美国的一年可谓充实而有意义，它培养了我的独立生活能力和自主学习能力。在山姆·休斯顿州立大学刑事司法学院第三届本科生论文年会上，我与同学分工合作完成的全英文《美国八年级学生吸食大麻情况及其态度的分析报告》，获得了“展板组”的第二名。荣誉的背后是我对美国学术注重实证研究的真切感悟。作为交流生访学的日子，不仅使我增长了理论知识，丰富了人生经历，更重要的是，我们有幸零距离接触了最新美国刑事司法情况，担起了中美刑事司法学术交流的郑重使命，推动了国际执法合作的稳步前进。

美国警务初体验

怀揣期待和紧张的心情，身着久违的春秋常服，伴随着刑事司法学院的行前教育，为期5天的实习开始揭开其神秘的面纱。

作为一名留美学习的预备警官，能够在美国地方警局亲身经历美国警务，对国际警务班的同学而言无疑是一次弥足珍贵的机会，同学们都十分珍惜和重视学校为我们创造的这个机会。在与警官见面之前，我们就已经准备好了各种中美比较的问题，迫不及待地想和他们交流并从中有所收获，可谓有备而去。而在5天的共同生活、共同巡逻后，我们都与美国警官建立了深厚的友谊，可谓受益匪浅。5天的简短体验启发了我许多新的感悟，无论是公安实践的业务知识，还是为人处世的文化差异，这都是我们走出课堂、走近群众的生动一课。下面就是我的实习总结。

参观法庭后的合影留念

虽然身在美国，但作为警校生的我时刻不忘严格遵守学院纪律，遵守保密原则，以中国留学生和中国预备警官的双重身份严格要求自己，将在校期间学到的理论知识与实践紧密结合，任劳任怨地投入到社区警务工作中去。本人扎实的理论功底和快速的工作适应能力，受到了师傅和其他警官的赞扬和好评。

在接处警并询问群众中，我学到了美国社区警务的工作方式。第一，警察在拦截违规行驶车辆时具有较高的自我保护意识，手放枪边时刻戒备，这使我认识到查缉战术的重要性。第二，无论报案如何烦琐，民警都要迅速高效地第一时间赶赴现场，因此警察需要熟悉各条社区道路和熟练掌握对全球定位系统的使用。这是警察工作积极性和战斗力的体现。第三，警察要客观亲切地询问群众困难，想群众之所想，急群众之所急。这是美国式群众路线的体现。第四，做到事后反馈，定期再访群众，以此减少报案率。第五，警务人员要对案件有全面充分的了解，要进行大量的调查取证，掌握详细、全面的犯罪证据。

而在科技强警方面，我更是印象深刻。巡逻警员单独外出巡逻，每人配备一辆装备先进的巡逻车。每个警员配枪，配备防弹衣，手铐，警棍等攻击、防御以及束缚设备。巡逻车配备电脑，车辆测速器，夜间巡逻探灯。车配电脑安装的通信系统和报告系统可接受指挥中心分派的任务，对处警地点进行 GPS 导航，验证可疑车辆以及可疑人员的身份，并进行案件的记录工作。同时系统能及时更新报案通知，方便民警得到第一手信号并果断出警支援。无论是面对犯罪嫌疑人还是受害人，为了避免对方伪造口供，歪曲和隐瞒事实真相，车内有隐藏录音机和小型高清摄像头，行为人的一举一动都在民警的监控中，同时也是证据意识的体现。每处理完一起案件，无论其是否解决，负责人都必须立刻在专用电脑中记录笔记，汇报案件进展，方便其他民警下次出警。信息引导警务已然成为美国地方警局的成熟工作理念。整座警局的办公楼中设置有一个小型的会议室，亦可当小型报告厅。在巡逻警官换班间隙，该会议室可举行小型的讲座，讲解执法规则。另设有药品检验室，可进行简单的药品检测。在办公室区域，设置有指挥中心，接受整理不同的报警电话，对路面巡逻警员进行处警的分派。指挥中心的系统可以根据 GPS 实时跟踪路面巡逻警员的地理位置。这套指挥系统还可以对报警电话进行地理位置的定位。同时，办公大楼中还建有小型的拘留所，主要用于对抓捕的犯人进行短时间的关押，以及对醉酒人员的临时安置。

虽然我国已然开始实施科技强警战略，但要深入实践，还是要将科学思想、科学方法、技术手段和技术装备切实应用到各项警务工作中，普及到每一个执法岗位上，融入到公安队伍建设各个方面，全面促进现代警务机制建设，全面提升公安机关的整体素质和战斗力。

中美社区警务的合影留念

本次实习除了学到实践的方式方法，使很多同学印象深刻的还有他们对职业的热爱，一颗敬业的心。无论是消防大队的志愿消防员，或是年近六旬仍坚守岗位的社区民警，都值得我们尊敬和反思。也许正是他们内心对正义的单纯追求，才使他们在警察这个职业上倾注了许多的时间和精力。每天朝六晚六地更替持续十余载，不求报酬地服务于大众。因为喜欢，所以坚持。美国警察的那份纯粹，令人钦佩。可能正是由于他们对社区警务工作的热爱，所以在他们看来也就没有了“烦琐”一说。他们真诚地帮助社区居民，在巡逻时，街坊邻居看见警官都会与他招手问好，在回答警察问题时也很有礼貌，警民关系十分和谐融洽。据调查，美国公民对警察的信任度也较高，近60%。

对比之下，我国基层民警的职业倦怠感的存在应当引发我们思考。我们不能否认警力不足的现状和警民冲突频繁的问题，但我们应当从问题的根本出发去分析原因，想出应对策略，而不能激发问题和矛盾。

通过这段时间的实习，我认识到警察为了社会的治安和建设所作出的卓越贡献，深深体会到肩上担子之重，也及时发现了自己所学知识的浅薄。实习的每一天，我都学到许多书本外的新知识，同时也发现了自己的很多不足。因此在剩下的在校期间，我要努力学习法律知识，加强公安业务方面的学习，学好外语，为将来的工作打下坚实厚重的基础。并且以后要多利用假期时间，到公安机关见习，首先，提高自己的工作能力，学习更多的业务知识；其次，也是要多帮助公安人员解决一些小事情，能够减轻他们的负担，使他们有更多的休息时间。

实习期间，是我们留美后第一次真正体验美国人的生活方式，因为我们要与美国人朝夕相处五天。区队同学都珍惜这短暂的学习交流机会，细心观察他们的生活习惯，从中感受文化差异。同时也不忘与他们聊天介绍中国，借助照片和视频等媒体向他们全方位展示真实的中国。

我们的接待家庭都十分友好热情，把我们当亲人一样无微不至地照顾。我们为了表达感激之情，为他们烧中国菜、包饺子，介绍中国饮食文化。

在最后一天的欢送会上，大家都依依不舍。我们真正感到自己融入到美国人的日常生活中，彼此交流着中美文化，有着思维的闪光和碰撞，和警察局的警官以及接待家庭结下了友谊的果实。

我眼中的美国大学

2010年8月12日，在学院领导和老师的关心和帮助下，在家人和同学的支持和欢送下，我们怀着复杂的心情远赴美国山姆·休斯顿州立大学刑事司法学院，踏上了为期10个月的留美求学之路。时光荏苒，转眼近10个月的赴美学习已经结束。回顾10个月的体验和收获，我们增长了知识，开阔了视野，丰富了经历。这是每位留学人员人生中一段最为宝贵、难忘的时光。

美国大学教育很显著的一个特点就是有健全的校内网络系统，即e-mail（邮箱）、blackboard（电子黑板）和学校电子图书馆。

山姆·休斯顿州立大学图书馆一角

老师和学生都有校内专用邮箱，作为平时同学间学习资源的共享渠道，或学生与老师的提问答疑工具，或老师关于课堂信息的通知工具。学生作业的提交，和教授的见面预约，各种讲座或调课、停课通知，都可以方便地通过查收邮件得知。在美留学期间，我们都已然养成了每天多次查收邮箱邮件的好习惯，以免重要信息的遗漏。blackboard主要属教授上传课件、学生下载课件的平台。有时，一些辅助阅读内容的电子版也会在blackboard中显示。同门课的同学可以在此组成讨论组，讨论老师课堂提问。学生每次单元考和作业的成绩也可以在此查到。虽然校图书馆也有四层楼的馆藏书目，纸质参考书分门别类地储存有序。但若学生通过学校个人账号登录电子图书馆，查阅各种学术期刊和历史文献等，则能找到更多更庞大的资源。学校还为学生免费开放了一些校外官方“知网”，有助于学生写论文时提炼“文献回顾”。

校内网络的构建和应用，无疑是美国先进技术运用于大众需求的体现。犹记得出国前，我们对该电子操作系统还毫无头绪，而现在已能熟练操作并发挥该系统优势。不得不说，这样的平台的确省去了很多麻烦和不便，为学生学习提供了充分的空间和时间。

学分制产生于19世纪末的美国，它伴随着选课制的出现和美国高等教育的大发展而逐步确立，因其充分体现“以学生为主体，尊重个体差异，注重个性发展”的教育理念在世界各国大学得以广泛运用，至今已经延续了一个多世纪。基于学分制这一根本，美国大学考核学生的方式较为多样，主要分为单元考试、作业、出勤率和学期论文报告等，期末成绩则是各项内容的综合累计得分。

美国大学偏向于3至4个单元综合的阶段性考试，每门课一学期一般有3至4次，每次考试平均占据25%、30%的比例。这样的考查方式给了学生循序渐进地掌握知识的空间，避免了一学期的努力被“一锤定音”地否定。考试模式多以50道客观单选题类型为主，也不排除个别课程有多选题甚至案例分析题等。

参与山姆·休斯顿州立大学刑事司法学院第三届本科生论文年会，为自己的展板而战

老师布置的作业形式主要有 presentation（演讲报告）、book review（读后感）、report（讲座观后感）、reaction paper（小论文概括）等与写作有关的任务。老师根据作业质量给予评分，但一般情况下，同学间分数差异不大，旨在给学生锻炼笔头能力的机会，以及提醒他们进行课外自主学习。一学期作业量的多少随老师调节，基本为两三篇论文，但也有老师会要求预习教材每章内容，然后列出大纲的高强度作业量。由于美国大学是个自主学习的地方，所以学生并不需强制上课，因此学生的出勤率也是老师评教评学的重要标准之一。大部分老师都会以综合成绩10%的比例，专门监督学生出勤听课，这也是老师考量学生是否有认真好学态度的标准之一。

类似于国内的课题研究。老师一般会制定合理的报告进度表让学生有计划地做论文。例如，在学生学习该课专业理论一个月后，老师会要求我们开始选定相应领域内自己感兴趣的研究课题。然后在两周后提醒学生开始着手列出论文大纲，以督促学生在此期间寻找文献资料，做好铺垫。再过一段时间，老师则要求学生提交论文初稿或阶段性成果，如果是 20 人的小班课程，老师还会耐心地一一批改反馈。接着，再腾出两周时间让学生修改论文，直到最终定稿。学期论文成绩一般占综合成绩的 30%，比重较大，反映了美国大学对学生写作能力的重视和培养。

作为在“应试”环境下成长的中国留学生，我们有幸经历了截然不同的考核方式。通过艰苦学习，我们取得了全 A 的好成绩，坚持不懈的付出也算得到了满意的回报。同时正是因为过程的艰难，关于知识的记忆就更加持久地存在于我们的脑海中，不再有“考后忘记”的说法。

美国大学课堂氛围比较轻松自由，老师授课一般分为 lecture 讲课式或者 discussion 课堂讨论式。老师在课堂中扮演引导者的角色，鼓励学生成为课堂的主角。

lecture 讲课式的课堂学生多为被动地听取知识，但老师很少照本宣科地灌输教材内容。教授会觉得学生可以自己阅读后理解教材内容，所以他们更喜欢根据教材范围，列举生活中发生的实际案例来剖析或引导学生站在历史文化差异等宏观角度，辩证地看待国际性刑事司法异同点。

discussion 课堂讨论式的教学，老师常挑选一节课的一个重点话题，采用自由讨论来给我们创造学习环境。他会针对一个专业话题提问，然后听取学生的发言，大家提出各自想法，赞同的或反对的，于是课堂显得十分活跃。在讨论中我们集思广益，看到别人的长处和自己的不足。最后老师并不会给出一些定性的结论，他们对我们的想法不置可否。这就更引发了我们浓厚的兴趣，在课后寻找资料来一探究竟。这种方法很容易吸引大家的学习兴趣，也能很好地达到预期的教学效果。

根据自己在国内的观察和了解，其实中国的许多大学老师也已经在扮演着引导者的角色，启发学生自主思考。但由于学生们羞于表达自己观点的大环境仍在，有时候学生不配合还是活跃不了课堂气氛，老师单独的努力也没有结果。

作为国际留学生，我们很幸运地遇到了好几位乐于助人、善解人意的老师，接受了他们极大的帮助，真切地感受到了他们的关心和关怀。他们体谅我们有英语非母语的语言障碍，不厌其烦地为我们耐心答疑。我们也珍惜他们提供给全班的每一次附加分机会，积极配合，达到双赢。

也许是见多了懒惰的美国学生，勤奋好学的中国学生总能受到老师的尊敬和肯定。在开学初，有的老师就主动提出可以帮助我们课后辅导答疑，而由于有些老师带有不纯正的美国口音，我们听起课来常常似懂非懂，所以 office time（办公室答疑）实属必要。我们在课堂上认真听讲记笔记，听不懂的及时做记号，然后课后立刻请教老师解决消化。

不同老师常会给出 5 分、10 分的附加分机会，让学生通过听讲座写观后感获得，或者完成一个调查问卷并有证明即可。附加分形式多种多样，若参与其中，我们常能接触到一些学术成果、警务实践、法庭审判以及和美国大学生健康成长相关的主题活动，这无疑是有益于我们锻炼英语能力和拓展视野的。另外，我们还能了解比较中美警务和司法上的一些差异。既加分又长知识，可谓一举两得。

虽然这里的考试要达到 90 分的标准有时也不容易，老师出卷也并不简单。但老师总是在考后给出弥补机会让更多学生提高成绩，也算鼓励学生自主学习的另一种方式方法。

在美国，成绩是作为个人隐私不公开的。所以学校考试也没有公开排名之类，只分为A、B、C、D、E的标准，90分以上则都为A，没有第一、第二之说。也许是这样没有竞争压力的学习环境，使得美国学生有一个很好的学习方式就是小组讨论学习。我们既尝试过同区队成员间中文讨论，也体验了和美国同课程同学间的英文讨论，感受不同。

作为团队，在美学习期间我们非常强调团队学习。我们常会独立先复习一遍，再把难点疑点在讨论中相互补缺，解决。毕竟中文解释理解起来都比较方便记忆。但是有时同门课的同学人数有限，能力有限，对于一些专业术语或者历史背景问题，我们还是无法理解透彻。不得不提到美国学生的懒惰，许多还是拖延症患者。如果是小组作业，有责任挑重担的肯定是中国学生。不过如果善于观察和注意，就会发现每门课上都有那么几个善于发言并认真听讲的美国学生。如果与他们一起讨论学习，那么也能学到甚多。

虽然西方崇尚个人主义，但美国人的团队精神却让我们印象深刻。作为提倡集体利益高于一切的中国人，我们有时却还要反思自己是否真的具有了团队意识。

美国十分重视对知识产权的保护，写论文时所有观点都必须是自己原创。若有一观点是在阅读相关作者的文献后形成的，在论文中也必须注明出处。若是直接引用某书中的原话时，则必须加引号标明，并附上作者、年份。未经作者允许，不得擅自使用他人研究成果。在这样一个多元化的国家，他们接收多元化的思想，但是他们杜绝抄袭和剽窃他人思想，这将被视为一个人的诚信品格问题。美国的许多老师还有检查论文抄袭度的专门软件，对待论文十分严格。一经发现抄袭行为，学生成绩将被判为不及格，甚至可能将该行为写入档案。

山姆·休斯顿州立大学刑事司法学院每年都会举办本科生论文大赛，为本科生提供一个展示自己实证研究成果的机会。在听说了07级赴美团队的优异成绩后，今年我区成员也积极响应此次比赛。在第一学期时，我们就开始留心收集自己感兴趣的课题，或在与教授交流时找到灵感。仅有想法还不够，还要找相关文献进行阅读，分析该课题的可行性。定题的过程不能只是自己和自己的互动，还需要教授的点拨。教授能在交流过程中，指正逻辑上的错误，找出实践的方向。

该比赛一般在第一学期11月左右就会开始公布比赛细则、参赛要求等，然后在一个多月后就会要求提交150字的论文摘要。如果毫无头绪地开始准备，时间并不充裕，所以平时的留心观察还是十分重要的。

至今印象深刻，我区队中有名参赛人员，她简短的150字摘要曾被指导老师退回修改至少4次才得以提交。指导老师是刑事司法学院的中国教授赵博士，负责的他凭借多年的学术研究经验，对该同学的论文要求十分严格。由于英语非我们的母语，我们的词汇量更是有限，所以在论文中，每一词、每一句的官方表达都不能马虎。也有做海报的同学，在精益求精的中国教授任博士的指导下，抠细节、改标点，力求完美提交成果。事实证明，斟酌推敲后的中国论文才能战胜美国同学的论文，在比赛中取得喜人成绩。必须承认，成绩的收获和之前的认真对待以及不懈坚持都密不可分。

10个月的学习生活即将画上圆满的句号。从初来乍到时面临的各种困难，到通过团队合作克服重重障碍；从适应学习后短暂的迷茫现象，到及时调整状态寻找到新目标；从长期作战于图书馆，到走进美国同学平常生活；从接受外教各种款待，到我们主办中式聚会表达感恩等。10个月的留美生活是充实而有意义的。

在外这近一年时间，虽然我们远离祖国，远离父母朋友，但我们丝毫没有被遗忘的感觉。因为每逢佳节，院领导和老师都会为我们送上节日的问候，而我们也一直记得我们是浙江警察学院的学子，是警院人。每一份关心和祝福，都鼓舞着我们这个团队努力前进，让我们无论走到哪里都有大家庭的温暖。饮水思源，这次能赴美留学，离不开学院的支持，感谢浙江警察学院给我们这样的机会。作为国际警务合作的接班人，我们深知自己任重而道远，我们会担负起承前启后的重要角色，把我们这段丰富的留美记忆留给更多的后来者。

张海波

个人简介

我是张海波，大家可以叫我Samuel，来自宁波余姚，1989年2月24日出生。大学期间我很荣幸地考入了08国际警务合作班。作为一名公安院校的大学生，我顺利通过了大学英语四、六级考试和计算机一级考试，并牢牢掌握了公安相关的理论和方法。在校四年，我修完了《刑法》、《民法通则》和《刑事诉讼法》这些国内最常见的法律，提高了法律素养，为将来成为一名真正的警察打下了良好的法律基础。为配合专业的需要，学校还专门为我们开设了《国际法》的课程。这让我的视野不仅仅停留在国内的层面，更让我懂得要站在更高的角度处理复杂的案件。此外，通过警院的学习，公安的专业知识储备也从零到有。别人说知识能改变命运，而我相信知识能指导我走好今后的从警道路。

大二上半学期，我顺利完成警院的各项课业要求并通过了托福考试，被学校选中赴美国山姆·休斯顿州立大学刑事司法学院访学10个月。国外学习的时间让我既了解到美国的刑事司法制度，更提高了自己的英语水平。访学期间，我一直怀着努力学习，报效祖国的心态，想把美国先进的他山之石为我所用。辛苦的付出最终换来了山姆·休斯顿州立大学刑事司法学院第三届本科生论文年会三等奖的成绩。为团队，为学校，也为祖国争了光。在美国的生活让我受益匪浅，不单单在知识上收获颇丰，而且还懂得了一个人的价值在于自己所承担的责任。

我希望自己能够在警察这个职业上，释放自己的热情，为祖国、为社会奉献自己的青春。

艾文警局实习有感

赴美期间的实习是除学习之外的一项重要工作，也让同学们翘首期盼。实习基地 Alvin（艾文）警局和 League City（里格城）警局位于休斯顿东南部，是浙江警察学院的海外实习点。

在 Host Family（寄宿家庭）家门前留影

2011 年 1 月 13 日早晨 8 点 15 分，我们一行人已经坐上 CJ（刑事司法学院）派送的车驶向目的地。在高速公路上行驶大约两个小时后就到了此行的第一站，Alvin 一家得州烧烤餐馆。在这里我们不仅填饱了辘辘的饥肠，更重要的是见到了我们的 host family（寄宿家庭）。在美国式的拥抱之后，便是一阵寒暄。这种 party（派对）一样的欢乐氛围，以 Alvin 警局和 League City 警局局长各自为前来实习的中国学生分发证件而告一段落，随后我的 host family 就载着我前往警局报到。此刻，便是征程的开始。按照计划，第一天没有安排巡逻任务，可以趁机多了解美国警局运行模式。在参观警局内的监狱时，有一点非常吸引我的眼球，囚禁男女犯人房间间隔只有过道那么短的距离。我心里思忖这样会不会很不方便，因为男女囚室基本上是面对面，中间隔着的是两面透明的玻璃。美国警官好像看出了我的疑虑，他告诉我里面的囚犯看不到对面的情况，秘密就在两面透明的玻璃上。这不是普通的玻璃，是根据光线偏振的原理构建起来的。它们相当于两块偏振片，只不过偏振的方向就大相径庭了。高中物理课上有个实验：点燃的蜡烛，两片不同角度的偏振片，没有被烛光照亮的小纸。这个实验说明了光线无法穿过两片方向不同的偏振片。所以囚室里面的人就算望穿秋水想了解对面的动静，最后也只能是雾里看花。通过简简单单的一面玻璃，将所有的不方便全部解决了。因为玻璃是透明的，狱警可以看到里面囚犯的一举一动，没有视觉的盲点。更重要的是，两面玻璃避免了建造男女监狱的麻烦，同时也节约了人力资源。

与 Sergeant Farmer（中队长法墨）合影

1 月 14 日早上约 9 点，Alvin 警局的部分警官带着我们参观野生动物园，在警局的精心安排下我们度过了一段很愉快的时光，彼此间的距离也拉近了。下午，按照原定的计划是在 Firearm Room（射击馆）进行射击训练，训练的目的是熟悉美国枪支武器的使用。这个射击基地不仅向当地警员开放，而且面向广大的群众。由于美国宪法赋予公民佩带枪支的权利，这一法律条文已经深入老美心中了。相比枪支管理严格的中国，枪支差不多只和特定的犯罪挂起钩来，而美国枪支的泛滥为高犯罪率提供了滋生的土壤。

1 月 15 日早上 6 点美国师傅带着我开始了一天的巡逻。坐上巡逻车，天还是黑的，屁股还没有坐热，无线通信器的另一端发来了指令，在戈登大街上发生车内盗窃案，立即前往。赶到现场时，天空还下着不小的雨。我师傅二话没说跳下车，在雨中办案。他很认真地在现场采集了 DNA，并对失主做了询问笔录。我当时很感动，因为这是很小的一个案子，失窃物品折合金额在 200 美元以内，美国师傅竟然也能如此负责地对待。数次往返现场和警局后，案子终于了结。之后我们一整天的时间都在高速路上巡逻，基本上风平浪静，这一天波澜不惊。

1 月 16 日早上，还是相同的时间集合，不同的是今天我们的警车换成了悍马，我也有幸体验到悍马巡逻的别样滋味。由于今天的雨下得比昨天还大，所以注定了今天一天事少。师傅决定今天以交通巡逻为主，这里不得不提到美国的警察体制，美国的警种比中国少很多，主要分巡逻警、侦探。像交警的职能由巡逻警来担任，巡逻警还担负着 peace officer（维稳治安官）的重任，就是在社区里维护治安。侦探主要负责刑事案件，相当于中国的刑警。可以说美国的巡逻警身兼多职，是日常警务运作中最重要的一支力量。巡逻警交通巡逻时会采用很多种方法，如主动出击，跟在车辆后面，通过车载电脑查询车辆信息，一发现可疑情况就拦截；或者是被无线指挥中心告知对特定车辆进行拦截；还有一种他们采用的方法就是在国内备受争议的蹲点执法。但老美好像对此习以为常，电影中也可以看到巡警们经常在角落里悠闲地喝着咖啡一发现超速车就飞奔追击的场景。在交通执法的过程中，我感到美国普通的老百姓对于警察工作的配合是国内望尘莫及的，当警车亮起警灯尾随肇事车时，肇事车主如果不是逃犯，都乖乖地将车停靠在路边一侧。并主动准备好证件等待警察过来处理，而且过程中没有人对于巡警自由裁量做出的处罚决定提出反抗。从一个侧面也反映了他们对于警察权的尊重和敬畏。警察在美国可能不是人人都喜欢，因为如果你被他粘上那就说明你已经有麻烦了或者是即将要有麻烦，但他们绝对是受敬畏的族群。我们不禁要问：到底什么成就了美国的警察在民众中的威望？我们知道在人际关系中，如果要获得别人尊重，或者你有过惊天动地的经历，或者你将细小的事做到了极致。但毕竟能在社区中建立功勋、树立威信的机会是少之又少的，美国警察打动民众的原因应是后者而非前者。从这几天的实习中我发现了他们的很多闪光点。

爱岗。在美国不是人人都能当得成警察，警察是一项活多钱少的工作，除非你抱着真正热爱警察工作的心态，否则你不可能在这份工作中收获快乐。我问过我的美国师傅为什么会做警察，他告诉我因为他喜欢。在 Alvin 警局像软件工程师之类的人才大有人在，他们从前的工作待遇比警察优厚，但他们还是辞掉了原来的工作，因为他们觉得不喜欢。如果真正喜欢警察工作，就不会在意得与失不成比例，一如既往地保持工作的激情，真心地为民众服务，在我们执勤过程中，甚至会接到帮助抛锚司机换轮胎的指令。

认真。昨天碰到的车内盗窃案，失窃总额不到 200 美元，师傅还在大雨天一丝不苟地收集着物证。如果放在国内，路上丢了 300 元钱的人很少会去报案。假设我是受害人，看到这么认真敬业的警察，就算拿不到失物，心里也会很踏实。

用心。美国警察相当关注民众的反映，巡逻时发现违章车辆一般以警告和提醒为主，等到警察实在看不下去时才出手开罚单。这样一来可以从一定程度上避免警民关系的紧张。另外，Alvin 警局每年都会组织一次大型 Hummer Run（悍马狂奔）活动，旨在关爱社区内的癌症儿童、智障儿童。每次警局都会安排悍马车队接送这些儿童往返于活动场地，让他们有明星般的感觉。这天对于他们和家长来说就像个盛大的节日。我问过项目的负责人也就是握着方向盘的师傅组织这样的活动风险太大了，万一途中孩子的病发作怎么办？师傅只是淡淡地回答为了赢得民众好感，愿意冒风险。

1 月 17 日是实习最后一天，也是告别的日子。在一个人默默整理行李的时候，我的心情是悲伤中夹杂着喜悦。在这段短暂而又忙碌的日子，因为有一群可爱的家人相伴，美好而又充实。四天的相处，我已经从客人变成了家人，亲人的离别怎能不伤感呢？但是这四天的实习让我对于美国警务的理解从教科书式变成了实战式，从前只有在课本插图中看到的图片竟在我面前一一呈现，我又怎能不激动不喜悦呢？我们08赴美访学团队在祖国日趋强大的今天亲身经历了中美警务的交流，有过实践才有发言权，虽然中美警务在体制上有着天壤之别，但从精神层面却是相通的。可以说美国的警察精神与新时期共和国所倡导的“忠诚、为民、公正、廉洁、奉献”人民警察核心价值观有着异曲同工之妙。在求同存异的时代主旋律中，现在我们能做的只是引进来，但我们相信未来总有一天我们中国的警务能够走出去！

丰田中心篮球赛

俗话说不到长城非好汉，那么在我心里不到丰田中心就等于白来了休斯顿。2011 年 4 月 3 日，我们一行人浩浩荡荡地前往火箭队主场——Toyota Center（丰田中心），观看火箭队主场迎战老鹰队的比赛。

记得那是初中的时候，姚明在状元秀中脱颖而出，火箭队主动将橄榄枝抛向了姚明这个中国篮球种子。令人意想不到的是之后的几个月里，火箭队在中国的关注度迅速攀升，名气水涨船高。火箭队给姚明提供了舞台，姚明撑起了火箭队的一片天，到底谁成就了谁这是个问题。几年后姚明的影响力已不仅仅局限于国内，姚明这两个字被美国人用来作为和中国人打交道的开场白。

虽然今年火箭队没能进季后赛，但球迷热情依然不减当年，从门口长长的队伍就可以看出来了。今天和火箭队对阵的是不那么热门的老鹰队，缺少像科比、詹姆斯、纳什一样的巨星。可以想象，如果火箭主场迎战湖人、太阳这样热门的球队，观看的人数可能是今天的好几倍了。

丰田中心的安保是很严格的，连照相机一样的小物件都被事先假定为爆炸物，需要进行人工检查。但是进入大厅后，行动就自由了。服务

在丰田中心的赛前留影

台前还可以得到一件免费的纪念T恤，美国人小细节还是做得很周到的。

找到位子之后，离比赛开始还有一个小时，屁股当然坐不住。趁着这段时间，来了个深度游。逛了一圈之后发现，这里除了卖吃的就是卖纪念品。而我们中国人重视的是人情。中国有句古话："盗亦有道。"在汶川地震后，打着各种名号的捐款随处可见，虽然不知道自己捐的钱会不会真的寄到灾区，但是爱心人士的捐款还是此起彼伏，一浪接一浪。好像捐钱后，心里的担子就搁下了。与国人轰轰烈烈的募捐相比，外企巨头们好像显得囊中羞涩了。正是由于不谙此道，巨头们在一阵阵声讨声浪中纷纷招架不住，要求商务部出来为它们正名。

比赛正式开始后，对我这个伪球迷来说没了姚明就没了看点，其他球员一概忽略。那我就抛开比赛谈谈其他吧。我觉得美国职业篮球成功的原因在于它的商业运作，组织者会费尽心机，想出各种方法来提升比赛的观赏性和卖点。例如，NBA规则的设置会增加整场比赛的节奏和悬念性，一秒绝杀为胜者赢得美名，使败者留下遗憾。再者，对球员的炒作也会增加球队的名气，如果选秀状元加盟势必会吸引一窝蜂的记者。最后是赞助商的鼎力支持。犹记得当年穿篮球鞋，不是为了打篮球，而是为了潮流。科比、詹姆斯的新款球鞋炙手可热，虽然价值不菲，但是这是为了弄潮必须付出的。可以说赞助商和明星球员的合作是双赢的，但笑得最开心的还是球队的老板。

最终火箭队在最后一节发力，将比分反超。在最后 10 秒内，惊险连连上演，但还是将优势保持到了最后。稍微沾点光，哈哈，都是因为有了 08IPC 的强大气场啊！趁着兴奋劲，我们在丰田中心买了很多纪念品，毕竟下次什么时候再来是个未知数了。

从这场比赛中我看到的不仅仅是单纯的比赛，更是一种美国式的营销策略。无数的人问我美国到底好不好？我想答案是因人而异的。美国在综合实力上领先中国，这是毋庸置疑的。毕竟我们脚掌所踏之地是发展了两百年的超级大国。碧蓝的天，热烈的阳光，干净的街道，茂密的树林……但是，我们的根在中国，美国的美好终究不能阻挡我们对祖国的思念。当繁华的纽约成为明信片，当美丽的好莱坞已成梦幻，当热闹的丰田中心再次安静下来时，我们发现：不管到哪里，平凡而朴实的家是永远不能被替代的温暖。

乐应豫

个人简介

本人中文名为乐应豫，英文名在几经变动后决定为 Peggy。在 1989 年 6 月 6 日这个日子，在宁波市江东区这个地方，我出生了！生性活泼，性格外向，平时有各种爱好，喜欢运动，尤其是打羽毛球；喜欢看小说，尤其是侦探类；喜欢看美剧，如 BONES & LIE TO ME；喜欢研究 PS，尤其照片后期处理；喜欢摄影，爱好静物。现为一名党员，心向我党，积极向上！在校期间获得两次一等奖学金，两次二等奖学金，两次三等奖学金，并获两次校级三好学生和一次优秀团员。在美期间获得全 A，并获得了山姆·休斯顿州立大学刑事司法学院第三届本科生论文年会展板组第一名。

在 2008 年考入警院后，抱着一心进 IPC 的愿望终于踏上了赴美之途。其间也曾迷茫过，也曾拼命努力过。宣传委员一职也应了我自身一个小美编的“定位”，制作过给外教的视频和电子相册，区队的杂志《在路上》和实习手册及报告，都是一个个美好的经历与回忆；爱聊天的我，从刚进入 IPC 开始就敢用不流利的英文与外教闲聊，到了美国后更是与朋友多沟通，爱好是良好的导师，口语方面的进步让我对自己也有了点信心。对国际警务合作一直有着浓厚的兴趣，希望将来能从事这方面的工作。

用心爱民

——Alvin 警局实习小记

访学半年已然过去，期待已久的5天美国警局实习终于来了。在各种各样的课本里学了很多关于美国警务的知识，满脑袋想着曾经学的各种理论和警务情况，对实习会碰到的各种情况充满了好奇也有更多的期待。

5天的实习总的来说除了接待家庭的热情招待外，最让我有感触的就是当地警察与居民间的和谐关系以及对自身工作的热爱。

Alvin 警局前实习人员的大合影

在 Alvin 警局实习的第一天，师傅怀特先生就带着我上路巡逻，一边巡逻他一边向我介绍美国警务的情况，得知在 Alvin 警察都是2班制的，早上6点到晚上6点。一星期最多工作40小时，一般的巡逻警，就像我国国内的社区民警一样，第一星期工作5天，第二星期就工作2天。

第一天“上班”，4 点半就早早地起来了，用餐后就去了警局。我们 8 个人跟随了 8 个不同的民警，有 8 辆巡逻车同时待命巡逻，而一般一天是有 4 辆巡逻车在外巡逻的。看得出来 Alvin 警局为我们每一个人都提供机会去体验美国警察的工作环境和警务情况。

我的师傅是一个 42 岁有着 21 年警龄的巡逻警——格兰·怀特先生，他曾经在另一个警局当了 14 年的侦查警。非常和善也很健谈，我先问了他当了那么多年警察有什么感想，毕竟 21 年警龄在不同的地方会体验到不同的警情。对巡逻车里很多和国内不同的设备，师傅也很耐心地一个个解释给我听，也教我如何使用，如那个联网的电子平台和无线电设备，可直接在车上查询居民身份信息和驾照信息。

与艾文警局局长麦克先生合影

我注意到在街边缓慢巡逻的时候，在散步或者路过的居民都会微笑着和师傅打招呼，并能叫出他的名字，而师傅也会微笑着问他今天过得怎么样。可能看上去并不是很重要的细节，但是这一个小细节，却都能看出在 Alvin 警民关系的良好，居民对警察的了解和信任支持。当然，也和美国不同的国情有关，我国一个社区配有一名社区民警，也就是说一个民警对应的则是几百人或者更多，而 Alvin 在我们巡逻的一个区域内可能就只有 100 人或者更少，警力资源充足并且人口较少，警员则有足够的时间密切联系群众，做好基础的群众工作，也才会有这样和谐的警民关系。当然，也与警员关心自己社区内居民有关，让我印象深刻的是师傅带我去走访社区内一名精神不太正常的居民，询问她的近况。

谈完了警民关系，师傅曾说的一句话让我颇有感触，“我热爱我的工作，我爱当一名警察”。我相信有很多警员能在从警前自信地说“我爱我的工作”，又有多少警员能在工作十几年后再次说同样的话。每天都是一样的工作，一些琐碎的事情，繁重的工作，巨大的压力，我们能否也敢用心说，我热爱我的职业？和师傅探讨过这个问题，也看到师傅一天是如何工作的。记得遇到一个贩卖毒品的案子，两个年轻人被暂时拘押在警局的监狱内，我以为案件这样就可以转交时，师傅却说现在等待他的是更多的文书工作，而这“更多”的文书工作让我意想不到的竟是让师傅加班到凌晨也未能完全结束。没有内勤，没有档案室人员，物证归类编码，案件文书写作，都是由他一人完成的；我以为师傅会抱怨地说工作又忙了，但是他说的话，我将会永远记得，“又有两个年轻人被拘押了”——一个警察用心工作的时候，更多关心的是他社区的居民。

两天的巡逻突然显得异常的短暂，很感谢师傅这两天带我巡逻，学习了很多课本以外的知识，也亲身体验了美国警察的日常工作。在来美国的这5个月来，这是第一次有这样强的存在感，我在美国，而不是在学校里、公寓里和大家在一起，无非是上课全英文了而已。在这两天里接触的是各种各样的人和事，与国内大大的不同也让我更有感触，美国的社区警务化虽然与国内不同但也并不意味着他们的都是好的，很多我们还是不能适用的，如美国人办案没有国内那么有效率，我们人口庞大的基数就意味着我们比他们要更注重效率。

5天的时间很快就过去了，中午就是告别午餐了。依依不舍，挥泪告别，就像我们俞老师说的那样，这不是结束，而是开始。我们学到了很多也体验了很多，这是我们将来生活的一个开始，非常感谢我的师傅和接待家庭，希望有机会能再见到你们。

人生就像一场旅行

人生就像一场旅行，不在乎目的地是哪里，在乎的是沿途的风景和看风景的心情。

春假美西大峡谷游

冬去夏来，又是一载年华，我们这些匆匆的行者从 2010 年迈出国门，到 2011 年又回到祖国怀抱，10 个月的时间似乎不过一瞬之间。一年的时间里，可以说最大的收获还是在学术方面吧。2011 年 4 月 6 日，看上去普通的一天，但是对于我，对于我们这个团队每一员来说，是这一年乃至以后都会记得的一天，08IPC（International Policing Cooperation）式的包揽。在山姆·休斯顿州立大学刑事司法学院第三届本科生论文年会中，最后获奖名单宣布完的时候，我们囊括所有奖项的时候，情至深处，难免落点泪，不过那也是喜悦的眼泪。

记得出国前老师就叮咛我们，这里有个论文比赛，暑假的时候就可以考虑考虑自己的选题和导师了。那时候还不知道论文该怎么写，选题该怎么选。第一个学期就有 4 篇学期论文和 4 篇小论文，完全不知如何下手的感觉现在还记忆犹新。非常感谢这次的论文导师任玲博士，仔细想想所学到不仅仅是如何去做一个 poster（展板论文），更是一种做学问的态度。一个标点乃至一个符号的颜色都是如此仔细，学问面前严谨为上。前前后后的资料搜索，交稿前的最后熬夜奋斗。在最后的时候，获奖的名次固然带来很多的喜悦，心中释然的不仅是压力，更是原来我也

山姆·休斯顿州立大学刑事司法学院第三届本科生论文年会颁奖典礼后合影

可以做好的自我肯定。有点夸大地说，一切的努力在一瞬间看到了回报的光芒。

人也总有种心境，叫过于自信。在4月16日校级展示poster的时候，认定了没什么问题的，学院里都评过奖了。当看到comment paper（点评页）上写着内容过于拥挤，图标可以更着重表现时，才知道原地踏步就是意味着顺水而下。在乎分数的同时更要在乎当初不重视的。想想看在原来的基础上可以改进什么。风景在变，心情却一如既往。

受挫难免，重要的是学会如何爬起前进。又是一个学期末，在为各门课准备期末最后一次考试的时候，好消息和坏消息接踵而至。好消息是research method（研究方法）这门课可以免考了，坏消息是必须准备一个自己的project（课题）。写了很多的论文，也做了一次相关的研究，但那是基于老师的数据上。自己来想方向，设计问卷，分析数据，这还真的是第一次。不想继续juvenile delinquency（青少年犯罪）这一方向的研究，也不知道怎么就想到了曾经看到的关于racial profile（种族剖面）的一篇论文，同是干警察这行的，多少有点小感触。有了自己想做的方向，问卷设计上又让我无从下手了，找了4个相关的independent variables（自变量）不难，难的是如何结合问题获得你想要的资料。天道酬勤，多看点相关的问卷设计总归会有点灵感。在老师的帮助下也总算完成第一份属于自己的问卷调查。看到最后数据出来的时候，听到老师说你这个研究的结果还是和现状相符的，有实证研究的意义，辛勤的付出终于带来收获的成就感。一路走着会有跌倒的时候，是哭着坐在原地还是掸掸尘土继续向前，取决于一种心境。

人孰能知人生方向，前进的路就在脚下。伴随着的是沿途变换的风景，和一路不同的心情。

吴 骏

个人简介

我叫吴骏，有一个响亮的英文名，叫 Charles，来自浙江省绍兴市，出生于 1990 年 1 月 27 日。是浙江警察学院 08 本科大队，国际警务合作班的成员之一。

在校的这几年里，我一直以学习为第一要务，在学好课本知识的基础上，认真投入到警务实践中去，同时也抓紧时间学习一些课外的自己感兴趣的东西，来不断拓展自己的知识面。通过自己的努力，在已经过去的三年学习生活中获得了一次校一等奖学金和若干次三等奖学金，这些荣誉正是对我努力学习的肯定。与此同时，在大学的前两年时间，我就利用课余时间学习大学计算机等级考试的相关内容，包括 C 语言和网络架构，并顺利地通过了大学生计算机等级考试的 1、2、3 级考试。而对于大家都更为关注的大学英语四、六级的考试，我也是胸有成竹地一次性全部通过。

作为国际警务合作班的一员，我深知赴美留学一年的机会十分难得，为了能赴美学习美国先进的警务理念和犯罪学知识，同时也是为了拓宽我思考问题的思路，我不断努力争取这名额有限的机会。终于功夫不负有心人，我有幸成为 08 国际警务合作班赴美访学区队的一员，并在留学期间担任纪检委员一职，督促大家的日常养成和行为规范。在这 10 个月里，我的收获可谓颇多。我不仅学习到了很多知识，也体会到了美国学术严谨、一丝不苟的氛围，不仅在美国警察局实习时体会到了美国警察日常巡逻的辛苦，也看到了美国公民对于警察、对于公权力的尊重。在美留学的两个学期里，我不仅拿到了全 A 的成绩单，更是在山姆·休斯顿州立大学刑事司法学院第三届本科生论文年会的海报组中荣获第二名的好成绩，这也为我的留学之旅画下了荣耀的一笔。

警察学院的学生，除了学习，更应在实践中成长。在大学期间，我参加了世博会宁波一次国际峰会的安保任务，第 6 届世界合唱大赛的安保工作等一系列实践活动，其间不乏与外国人交流接触的机会。特别是在世界合唱大赛期间，由于 1 名南非参赛选手报案而派出所没有能用英文做笔录的人员，我临时充当了笔录的工作人员，得到了派出所领导的好评。

大学的四年生涯还没有结束，我想我会继续努力，为了我的梦想。

为梦想而奋斗

——Alvin警局实习感悟

为期五天的实习，我被安排在了Alvin（艾文）警局。在这实习期间，我的确见识到了很多美国与中国不同的地方，不仅仅是在警务方面，还涉及家庭生活、办事态度等方面，我们要做的便是学其长处，去其短处，结合国情，为我所用。

实习结束Alvin警局赠送纪念品

其实，实习的工作早在实习一个月前就开始了，当时我也参与了实习手册的编写。因为我是在Alvin实习，所以我负责的是Alvin的实习手册。一开始我想一本小小的实习手册，只不过十几页而已，对我这种排版老手来说那是很轻松的事情。实习手册里的内容事先就已经商定，需要我自己写的内容并不是很多，但是很多前期就说好会完成的内容却经常拖很久才会完成，导致实习手册迟迟不能竣工。好不容易修改了好多遍终于可以定稿了，却被要求从 doc 格式改成像素更高的图片格式。由于不精于使用 Photoshop，我只能辅助乐应豫同学制作了。整整一下午加一晚上，我们都坐在电脑面前，在俞老师的指挥下，一步步地做好一本初稿。再经过之后一遍遍的修改，一本完全由我们自己设计制作的实习手册就诞生了。经过这次参与实习手册的全程编写，我体会到了组织一项事宜，无论大小，都会有各种各样无法预期的困难出现，如何去协调克服各种困难才是关键。同时，无论事大事小，心思必须缜密，不能没有统筹规划，考虑问题要细致，要尽可能地想到任何一个小环节。注意细节，这也是在实习手册编写过程中俞老师给我留下的最深印象。

与艾文警局局长麦克先生合影

警局里给我印象最深的就是健身房和留置室了。健身房设施齐全，我也经常看到有警员在健身房里锻炼身体。因为美国警察身上带的装备非常多，包括一条非常重的腰带、手枪、电击枪、警棍、手电筒、手铐。每天，警员们必须随时带在身上，长年累月，腰肌劳损什么的在所难免。所以锻炼身体是非常必要的，这不仅是工作需要，也是保持健康的需要。在国内派出所实习的时候，民警们经常是忙得没有时间锻炼身体，如果有时间空下来，宁可好好休息，陪陪家人，很少会有人进行经常性的锻炼。虽然现在经济条件决定不可能每个派出所都能建得起像样点的健身房，并持续保养健身器材，但是锻炼的习惯还是应该培养的。

警局里的留置室，打扫得非常干净，而且分得很清楚，男性的、女性的、青少年的，甚至还有供有自虐倾向的犯罪嫌疑人专用的房间。这让我想起一句话，“麻雀虽小，五脏俱全”。反观国内派出所的留置室，最多做到男女分开，卫生状况也很糟糕。这些硬件方面我想还是很容易做到的，特别是留置室，嫌疑人的基本权利总是要保证的。

实习最中心的一个内容便是和当地警察上街巡逻了。美国警局的巡逻车一直以来都给人装备齐全的感觉，这次能亲眼看到的确有点震撼人心。车内备有可以随时上网的电脑一部，摄像头多达3个，一个可以拍摄车前发生的一切，记录警察执法的全过程，其他两个从不同角度对准了车的后座，以观察被抓捕的犯罪嫌疑人在车内的情况，还有对讲机、录音系统、GPS定位系统等非常实用的装备。其中，特别是电脑功能异常的强大。警员可以直接在车内电脑中核对身份信息，查看前科记录，输入最新发生的案件情况，向其他巡逻车发送信息以便交流，随时随地显示该警员当时在做什么。在国内，每当巡逻时遇到可疑人物，警员都会通过对讲机让指挥中心上网核对身份信息，警员只能听着对讲机里指挥中心的口述来确定对方的可疑程度，而在美国只需在车内输入身份证号码，所有的信息都会瞬间提取跳出，一眼看去非常清楚。其实这所有装备在国内部分地区的巡逻车里应该也有，但是普及度远远不及美国，不得不说美国硬件设备、基础设施的建设确实很好，这一个小小的镇上，每辆车上都一应俱全。当然了，在装备齐全的同时，警员经常在巡逻时单手开车，单手操作电脑，这无疑是一个很大的安全隐患。一些警员还通过信息发送平台和别的警员聊天，这也无疑会降低工作效率。我想我们国内在提高设备更新的同时也要不断提高警员的职业素质，不然有可能适得其反。

在两天的实习期间，我看到警员在巡逻的时候经常和路边的居民挥手打招呼，很多居民也会主动和警员打招呼问好。整个气氛看上去很和谐，警民关系也很好。很多饭店、便利店都会给警察一定的折扣，因为他们希望警察经常光顾他们的店，以防偷抢事件的发生。为了改善警民关系，警局会定期在一些社区里开展一些游戏，像棒球比赛，让孩子们和警员们一起打棒球，分发印有警局标志的T恤等。市民可以零距离地和警长见面交流。甚至一起吃饭玩耍。我想这一点国内的派出所就很难做到，民警一般情况下都会被各种案子缠身，无暇顾及开展活动来改善警民关系。其实这是一个很好的方法，这不仅可以改善警民关系，还能让百姓真实了解警察纷繁的工作，使他们更加了解警察，体谅警察。

体验美式武器

每当巡逻警车亮起警灯，前方的车辆总是很服从地靠边停车，听从安排，如果需要追车，原本挡在前面的车辆也会很自觉地让开车道让警车先行。我想从这方面来讲，公民对于司法的尊重不是一日两日便可以建立起来的。警察是来保护公民的合法利益、惩恶扬善的，公民应该尊重这样一种职业，因为它带有的是司法的尊严。对于这一点，我们应该深刻认识到，我们不可能瞬间改变百姓的观点看法，我们能做的，便是公正地做好自己的工作，积极地引导百姓树立司法尊严的观点，而且这不是一日之计，而在于长久。

五天的时间不长，但让我看到了很多我们应该改进的地方，当然也有很多值得我们注意的地方。作为一名预备警官，我想我不能改变什么，我能改变的就只能是我自己，做好我自己的本职工作，提高对自己的要求，心中常怀一个梦想，一个警民和谐、尊重司法的梦想，并为之奋斗。如果每个人都能有决心和毅力，那么这个梦想将不再仅仅只是梦而已。

体验美国人的生活

为期5天的美国警局实习期间，我们被分住在不同的 host family（寄宿家庭）中，这不只是给我们一个地方住，更是给了我们一个很好的机会体验美国人的生活。

第一天，来接我的是男主人 Jim（吉姆），又高又胖，一开口，声音浑厚至极。相互美国式地寒暄了几句，便上车走人。在车上，我们聊了很多，都是些基本情况、兴趣爱好，等等。他们家一共四口人，Jim 在一家工厂工作，兼职市议员，他夫人 Crickett（克里克特）是一所小学里的老师，大儿子 Brett（布莱特）在休斯顿一个冰球队教练组实习，小儿子 Mac（麦克）还在上大学。听了 Jim 的介绍，我感觉他们家应该是属于在镇上比较有名望的，毕竟有个议员在嘛。当然啦，有没有名望对我来讲并不重要，重要的是我要在他们家体验5天美国式的生活。

告别前和 Jim 夫妇合影留念

一到家，Jim就“吼”着叫Mac出来和我认识认识，Mac很不情愿地“吼”回一句等一下。这第一印象嘛，我只能用有点混乱来形容。注意了，我这里用的是“吼”，并不是因为他们家有多大，或者门板的隔音效果有多好，我想更多的是美国人，或者说是得州人的风格。但我们也不能说这是一种不礼貌的行为，在中国人的家里，平白无故地吼几声断然是不常见的，特别是幼辈对长辈，我们所遵从的是尊老爱幼，他们所遵从的是成年人之间相对比较平等的状态。在之后的聊天当中我了解到，他们家对中国家庭里父母帮儿女打理一切的行为感到很不能理解，但同时也会看到中国家庭里比他们更加和睦，更有家的温馨。所以说，这就是一种文化上的差异，我住在Jim家，和他们讨论我们之间的文化差异，或是文化碰撞，并不是要得出一个结论，说谁的更好，而只是相互了解，对他们来讲，以后碰到中国人会尽量用中国人的思维和行为习惯去和他们交往。

在与Jim一家生活的5天时间里，我还参加了他们整个大家庭的聚餐，也去了他们朋友家观看了橄榄球赛。在这期间，我深刻体会到了，大部分美国人，他们并不了解现在的中国，但是很多人很想去了解。有人一见到我就问我有没有结婚，有没有孩子（他们认为大学生结婚是一件很正常的事情），有人对计划生育很感兴趣（因为他们几乎每个人都有兄弟姐妹），有人和我没说上几句话就想和我切磋乒乓球技（他们认为每个中国人乒乓球打得都很好）。我不能说他们无知，因为这些都不是他们必须知道的东西，但同时他们确实很想知道。我们会知道美国人比我们奔放，美国孩子比中国孩子独立，我们会去听美国的流行音乐，看美国的电影、电视，我们会做美国明星的粉丝，会把他们的海报贴在自己的房间里……我想说这并不能说明我们媚外，我们也只是愿意了解接受美国的东西，但是很多美国人也同样愿意了解接受中国的东西，所以问题就出在宣传这个环节上。美国人知道中国功夫、太极，但不能和其他功夫区分开来，美国人知道成龙，但只知道他的片子很搞笑，并不了解成龙所要在电影中展示的中国元素。我们的确也在宣传，在展示我们自己的文化和特色，但是只能说做得不到位，仅仅靠个体宣传是远远不够的，整个国家、整个社会要动作起来。

这次实习，住在美国人的家里，我也深切体会到了美国人对于揭开东方古国神秘面纱的渴望，我们无须谦虚，而应把我们的美德、我们的文化大胆地向全世界展示，告诉他们中国人的魅力。

陈朦朦

个人简介

我叫陈朦朦，英文名是 Jane，来自温州瓯海，出生于 1989 年 8 月 8 日，是一名共青团员，在 2008 年被浙江警察学院录取为 08 本科大队的一员，大三以学校交换生的身份到美国得克萨斯州的山姆·休斯顿州立大学刑事司法学院学习美国的刑事司法制度。

在大二、大三期间，我担任了 08 国际警务合作班的生活委员一职。主要负责为大家平日的生活提供便利，营造良好的学习生活氛围。在校期间曾 4 次获得三等奖学金，英语成绩已成功通过大学英语四、六级考试。我的英文名字之所以取 Jane（简），一方面是因为《简·爱》是我最喜欢的小说，女主角的自强不息让我敬佩不已，所以我索性就取名为 Jane 来激励自己，另一方面是它中文的谐音是简，寓意简单。这也是我的一种追求，简单地生活，知足常乐。而我之所以努力成为一名警察是因为我觉得一个人的快乐太渺小，分享别人的快乐，给别人带来快乐也是一种幸福。

我平时比较安静，话不多，比较喜欢阅读，涉猎各方面的书籍。活到老，学到老，学海无涯，我相信无论是学习、生活还是工作，求学的路都是永无止境，我也会努力把这个习惯坚持下去。

清洁精神
——美国警局实习有感

一直很渴望海，渴望那份神秘、那份广博。渴望每天可以见到大海，能够望着海水顽皮地冲到岸上，用力拍打着岸边的岩石。它毫不留情地卷走岸边的沙粒与路人的脚印，卷走人对海的那份敬畏与崇拜，却独独留下了一份执著与思念，在岸边久久回荡。

警局师傅向我们展示他们的反恐武器，我拿起这把枪，体验了一下，真的好沉

5 天美国警局的实习时间很短，我却依旧在那短暂的停留中找到了感动与眷恋。中美警察体制不同是众所周知的事情，但在这不同的外衣下，我还是觉察出了一些特别的东西。警察工作，尤其是基层警察的工作，我一度认为是一项挺耗体力、挺累人的工作。所以有时候我很疑惑，一个人有什么理由把自己一生的时间花费在忙碌中，偶尔还是一件吃力不讨好的事情。所以在国内实习的时候，我就大胆地问警界的前辈，是什么让他们在这份艰辛下仍旧执著，为之奉献一辈子，为之付出生命。他们当时的回答是一份热忱，一种对正义的追求。听完后，我惊诧了好久。因为我知道现在在很多人的眼中，这份热忱与正义有些虚幻，不值几钱。但望着他们沧桑却坚毅的脸庞，说话时那深邃的目光，严谨的态度，以及话中透露出的坚定的语气，让我不由自主地觉得这话说的是真的，这是他们内心的声音。他们做出了不一样的选择，坚守着他们的清洁精神。岁月的流逝与消磨带走了他们的青春，却带不走那份纯粹。当时我就告诉自己，做警察当如是。

我的师傅 Rick（瑞克）警官与我一起出警时的合照，有些小兴奋

后来，在美国我也曾询问美国警察相似的问题，而他们也给了我相似的答案。这或许就是惺惺相惜，英雄所见略同吧。

见过美国警察，其中以巡逻警察居多。他们在这份工作上倾注了十几年乃至一辈子的时间，却依旧乐此不疲。我还记得我所在的警局有一位年过七旬的老爷爷。他从事的就是巡逻警察的工作。现在已是年轻不再，儿孙满堂。但每次看到他工作的时候都是精神奕奕，神采飞扬。我就在想凭那不多的工资是断然买不来这份“人老心不老”的精气神的。美国巡逻警察每个工作日早 6 时出晚 6 时归，或者晚 6 时出早 6 时归，如此更替，持续不断。他们每天接触的多是一些杂七杂八的“琐碎的事情”，诸如巡逻、调解家庭纠纷等，为着这家那家的一些事奔走不停。这种忙碌或许有些物质的贪恋，但我知道如果没有一份喜爱，一份信仰，一个人是不会在一份拘束自己的职业上做过多的停留的，尤其是美国这个如此重视生命的价值与生活质量的国家。我还记得当我问出为什么的时候，他们很自然地、不假思索地说出因为我喜欢这份工作，这份工作有意思等的答案。那一份自然与不假思索愈加让我相信他们的感情发自内心，回答得很真也很纯粹。当然，有人可能会说这个答案还是有些许自私，因为他仅仅想到他们自己。但有时候这也是最实在的。因为喜欢，所以坚持。而我们呢？又有多少人会单纯因为一份喜欢，而放弃物质方面的追求，追逐有些遥远的梦想，仅仅是纯粹的渴望，纯粹的信仰而行动着，无论吃多少的苦，承受多少的累。

我们还缺少这份气魄。这或许跟中国的发展现状有关。人不得不为生存担忧，而抛弃一些精神的存在。毕竟生存与发展是需要代价的。很多人选择从警是因为这个原因。但我相信在不断的发展中，中国终会出现很多人，选择做警察不是因为谋生，而是仅仅因为喜欢，于是付出了青春、激情与热爱。就像我在开头提到的那些警界的老前辈一样，奉献一辈子，无怨无悔，就这样纯粹地爱着。而这也是我们后来人应该继承与发展的一种精神吧。

生活在别处

似水年华，逝者如斯，在美国的日子匆匆而过。犹记得 10 个月前，我们匆匆打开美国生活的帷幕，我们学习美国的刑事司法领域的知识，我们努力适应，努力融入美国的生活，解读美国的文化。它是机遇，也是一个挑战。在这个阶段中，我们不断成长与成熟。然后在成长中积累经验，在成熟中踏入社会。

美国的日子在我心中概括起来只有一个词：生活。有人可能会问那学习呢？可真正探究起来，学不就是为了生吗，为了活吗？而实际上，走出父母的温室，独自生活，这对很多中国学生来说是一个不小的挑战。在这个挑战面前，我们是如何应对的呢？

成功的机会赋予每一个有准备的人，美国的生活也不例外——它需要计划，需要准备。在赴美访学之前，我们积极与上一届赴美的师兄、师姐沟通，上网查阅与整理赴美需要携带的各种生活学习用品清单。

开学之前，我们还与刑事司法学院院长助理 Burris Amanda（伯里斯·阿曼达）女士取得联系，了解开学注册、缴纳学费等一系列问题。另外，为了保证归国行程一切顺利，我们及时全面地了解航班状况，严格遵照行李重量规定，统计集体行李箱数量，确保飞行途中的万无一失。

准备工作做好了，那如何具体运作呢？首先就是“财”的问题。我们如何做到用之有度呢？我们会努力记录下每次的大型购物时所用的账目，差不多每月都会做一次结算。每个人又会相互比较，相互监督，再制定下个月的预算。而我们区队作为一个整体，大家也会适时上缴区队费，用于公共开支。

然后就是如何“住”的问题。我们在美国租了 4 套公寓。由于是租过来的，这些公寓可不好维护。所以在入住之前，我们先与公寓管理员一起检查寝室状况，拍照固定各个寝室的原始状态作为参照，以避免在终止合同的时候，出现寝室不整洁、物件损坏等赔偿争议。

而每月的房租，我们都提前约定时间，及时缴纳现金或支票，确保 16 个人全部、及时支付，防止违约。偶尔我们会出现电费超支的状况，还好我们都及时补交，绝不拖沓。

而平时生活的时候，我们还会碰到各种维修问题。而寝室长就光荣地承担了这项任务。平日里监督与上报，确保及时维修，为大家的正常学习生活提供良好的环境。

功夫不负有心人。归国之前，公寓管理员检查了我们的寝室。其整洁度和保持状况得到了美方的充分肯定。当然如上所述仅仅停留在赴美的“硬件”问题上，再来看看，我们区队的“软件”运作如何。

我们 16 个人，各有特色，相互帮助，相辅相成，努力为彼此创造

旅游时我们被大雪困在纽约，大家一起找旅舍时，不离不弃，相扶相携的背影

了一个温馨、和谐的家。家成了生活的寄托，生活让家这个港湾变得完满而富有活力。

一起生活，我们离不开彼此的相互学习与帮助。美国之旅不只是学习文化知识，也培养了我们自主生活的能力。我们需要自己买菜、烧饭、打扫卫生。每天必不可少的一顿中国晚餐，就是大家自己动手的成果，柴米油盐一样都不可或缺。我们为此还曾开展了厨艺比赛。抽签搭配，16 人分成 4 组，大家互相展示、互相学习厨艺。此外，我们还邀请了美国教授参与评比。这既宣传了中国的饮食文化，又鼓励了大家相互帮助，相互照顾，提高了集体的凝聚力。

一起生活，还离不开彼此的铭记与祝福。16 个人是一个团体，这个家需要彼此的铭记与感恩。每个月会有一次生日聚会，为当月区队同学庆生。在生日聚会上，大家分享生活体验，展示厨艺，积极组织参与各种游戏。不仅如此，我们还为美国的教授与朋友庆祝生日，感谢他们对我们的帮助与支持。所以生日不只是生日蛋糕，也是彼此的祝福，分享快乐与感恩生活。在 2011 年新春之际，大家更是举行了春节派对，布置寝室、包饺子、订购餐具。我们还邀请了山姆·休斯顿州立大学刑事司法学院的院长、教授及他们的家人、在山姆·休斯顿州立大学的中国教授和访问学者等各方的朋友一同参与，共同庆贺新春。

我们在美国的公寓 Woodhollow，在公寓的旁边还有一个游泳池供我们使用

16 个人独立地生活在一片全新的天地，在我们没有到达美国之前，没有经历过这 10 个月的磨砺之前，这是一个无法想象的挑战与冒险。但是当我们踏上这片土地时，当我们 16 个人的心开始凝聚成一股绳，相信彼此，依赖彼此时，挑战在无形中变成了一次机遇。而“区队”在大家心中也渐渐被“家”这个词所取代。“相濡以沫”大概就是我们这群预备警官在美国生活的最好写照。

当然，出国留学生活于我们而言曾是一份奢望；落地生活，于我们而言也曾是一项巨大的挑战。现在我们成功出行和顺利归国，这番成绩更是离不开学院领导和老师们的大胆创新与大力栽培。这个契机使我们开阔了视野，提高了各方面的能力。滴水之恩，当涌泉相报。作为浙江警察学院的预备警官，“把握机遇，积极生活，回报母校”也成了大家在美国积极学习与生活的动力源泉。浙江警察学院，家乡，祖国终究是大家心底最深的眷恋与思念。生活在别处，但生命的风景线还是这边独好。

龚鼎鼐

个人简介

我叫龚鼎鼐，英文名是 Cedric（塞德里克），取自我很喜欢的小说系列《哈利·波特》的第四部。我出生于1989年10月，来自嘉兴桐乡，在这个文学家茅盾、漫画家丰子恺的故乡长大，这里有江南名镇乌镇的古色古香，也有鱼米之乡的丰富物产。

自2008年进入浙江警察学院后，我认真学习专业知识，通过学院的层层选拔进入了公安部国家级人才培养模式创新实验项目“国际警务合作班”。并于2010—2011年赴美国山姆·休斯顿州立大学刑事司法学院访学一年。在赴美访学期间，我主修了犯罪学、刑事司法体系、白领犯罪、性犯罪、青少年犯罪、实证研究等课程，并以全A的成绩在美国山姆·休斯顿州立大学刑事司法学院结业。

我平时喜欢听摇滚，喜欢研究电子产品，时常健身，喜欢阅读写作，用平实的笔触记录起因、经过和结果；喜欢电影、美剧，科幻加生活，大片加小众，在“中国电影沙龙”活动中向美国朋友讲述中国的电影文化；喜欢书法，柳公权、欧阳询，在“中国之夜”活动中向美国人展现汉字构造的魅力。

作为08国际警务合作班的一员，我深深地体会到这个团队大家庭式的温暖，我们一起做饭，一起生活，一起学习，一起努力，一起欢笑。我们也一定会步调一致地在将来的日子里继续前行。

美国警局实习感触

2011 年 1 月 13 日开始，我们前往实习点进行为期 5 天的美国警局实习。经过实习前的动员，我们对实习的情况有了初步的了解，并且对实习有很大的期待。当天中午，我们赶到 Alvin 吃中饭，并见到了两个实习点警局的局长，在简单的介绍以后，实习正式开始。

整个实习期间我们都是住在当地美国人家里，充分体验美国的生活。我住在当地一名警察的家里，在实习期间他们一家人都对我照顾有加，我也充分体验到了美国人在相处中的热情的一面，还有美国文化中的交流方式。

在射击训练馆，我的射击水平还不错吧

在警局实习这几天，特别是跟着巡逻车巡逻的三天中，我了解到了美国警察在案件、接警、巡逻等警务事件中的处理方式，以及整个警务司法机制的运行方式，尤其对以下几点感触颇深。

第一，安全第一。美国警察在处理案件中，特别是在平时处理普通的交通违章时，都时时注意安全。在查车辆时，都把手按在枪上，遇到可疑的人员或者车辆都不轻易靠近。在一次处理交通违章的时候查到一辆车，通过电脑查询是属于一名通缉犯的，在得知这个情况的时候，警员马上通过无线电请求附近的巡逻车支援，在两名警察同时在场的情况下再下车将嫌疑车上的嫌疑人带下来。通常，在接到911报警的时候，一般会有两部巡逻车赶到现场，以确保现场有足够的警员处置警情。

第二，专业素质。在出警和巡逻的时候，如果有比较大的案情，都会有supervisor（组长）到场，既是对现场的指挥也是对现场警员的监督。在一次处理案情当中，有人报警说在麦当劳发现一个奇怪的人，警员到场后，发现那个人精神状况有问题，于是由警员汇报情况，supervisor通过无线电把警局中的谈判专家调到现场，最终将当事人带离现场。警局中有很多特殊人才专门应对特殊的突发情况，如得州有很多墨西哥裔的居民不会说英语，警局中就有专门的西班牙语翻译，还有警犬巡逻车，专门对嫌疑车辆进行搜查。

第三，证据意识。在美国的巡逻车上，都配有摄像机，警员也随身携带录音笔。警车上的摄像机可以记录在开启后30秒的情况，如在查控一些交通违规现象的时候，可以很好地捕捉违规画面。警员在每次处警的时候都会开启摄像机来记录处警的过程，这不仅是保护了市民的利益，也保护了警员的合法权益。处警的过程通过视频和音频两种方式记录下来，可以作为今后上法庭的证据。

第四，合作意识。在巡逻过程中警员都会通过无线电和其他巡逻车或指挥中心联系，警车上还有GPS定位系统来准确地定位车辆的位置。记得一次早上在上班的路上，警员发现一辆嫌疑车辆，当时车上的电脑还没有开启，于是通过无线电报告了自己的位置，并把车辆情况报告指挥中心。与此同时，先后有三辆巡逻车过来查看情况，以确保现场情况没有危险。一般在遇到有潜在危险的案情的时候，都会有另一辆警车在现场警戒。美国的枪械普及程度比较高，得州的法律规定，只要通过一定的资质考试，每个人都有持枪的权利。有的人就会把枪放在车里，所以在检查交通违规车辆的时候，警员都会做好车辆中有枪的准备。在遇到有潜在危险案件时，都会有两个警员到场做好警戒，目的就是保护同伴的安全。

在巡逻的这几天中，我也发现当地居民对警察的尊敬。会有路过的车辆对警车打招呼，有一次在加油站帮市民开汽车门的时候，加油站的店员会说谢谢你们过来帮助他。一次交通事故的时候，下着大雨，会有路过的人停下来问情况如何，是否需要帮助。在我看来，警察和市民的关系是非常和谐的。以前在国内的时候经常听说，美国的市民经常不满警察的处理方式，会说你们是拿着纳税人的钱在工作。但同样在美国人的心目中也有一种意识是警察是冒着自己的生命危险，来保护大家的生命财产，特别是在美国这个枪支普遍的国家，人民更能够体会到这个职业的危险性。

与实习师父蒂姆警官的合影

通过这几天的实习经历，我从美国警察的工作、生活以及市民对警察的态度中学习到了很多东西，美国警察的敬业精神很让我钦佩。警员根据不同案情的不同处置方式也让我对基于美国文化的不同体制有了更进一步的了解。这次实习的经验，让我觉得在今后更应该加强中美之间的警务文化交流和合作，这样才能更好地提高我们的警务实战技术和经验。

执笔于十年之后

“十年之前，我不认识你，你不属于我。”

十年之前，小学门口的肉包子还是一块钱一个，操场的跑道还不是塑胶的。每天期待的是放学后的猫捉老鼠，6 点钟准时的变形金刚，礼拜三下午早下课后的帝国时代。喜欢上课的时候享受偷偷溜进教室的阳光，黑板上一行行的板书是发呆时候很好的参照物。而礼拜四的毛笔字课总是感觉让人难以耐住性子一笔一画地细细雕琢。在那个各种才艺班盛行的年代，每日晚上必修的练字功课和着种种减负的呼声后略微有点逆反的心理，演奏成拥有激烈鼓点的背景音乐，于是不喜欢成了万能的理由。放下笔，那年公元1999，世纪之末，关于世界末日加各种剧变的传说被拍成了电影，一部接着一部，而我沉浸在所谓80式的童年中，幼稚未满。

“十年之后，我们是朋友，还可以问候。”

“中国之夜”，让美国朋友体验神奇的中国书法

十年之后，一个很可爱的美国小女孩问我，中国在哪里？我说，中国在地球的另一边。我们都没有预测未来的本领，也没有写轮眼看穿一切的天赋。谁也没想到十年之后我会在地球的这一端，看着满街的碧眼黄发，吃着汉堡冰激凌，验证着这边的月亮到底圆不圆的理论。图书馆座位前排的前排，这个女生对着窗外发呆了一下午。书架后边的后边，那个男生席地而坐，用书本垒成了城堡。每个图书馆慵懒的午后，总是属于一杯咖啡一本书的时光。生活是一辆颠簸不停的马车，丰富多彩的经历沉淀造就了略微安稳的旅途。如同咖啡入口的一瞬，细腻甘甜后细细品味出的一丝苦涩，80后的我们似乎终于快挪到了正午太阳的位置，到了走出学校走上社会发光发热的时候。那天为了“中国之夜”做准备，再次拿起毛笔的时候，只能说按照记忆一笔一画小心翼翼，许久没有练习的手腕微微颤抖。没想到，十年之后再次提笔，是在大洋彼岸的星条旗下。家中的奖杯、证书已然积满灰尘，时光荏苒。公元 2011 年，周杰伦出道十年，火箭队的宣传片里面奥拉朱旺的梦幻舞步后面是姚明的扣篮，网上各种 80 后童年的回忆集锦，一首老男孩唱醒了多少梦想，而我奔波在遥远的异国他乡。

米兰昆德拉说，人的一生就是不断经历克服困难艰辛的历程。一盘番茄炒蛋加一点点醋，一首维也纳合奏曲加上一点点布拉格小舞步，生活的色彩总是不搭调地出现在面前。于是你也随手提起笔略略勾勒出梦境中多次出现的那个样子，即使色调有一点点冷，笔画有一点点艰涩，手腕还是轻轻地加重力道，坚定着延续梦想的意志。给我一双翅膀，让我感受太阳的炽热，给我一个剧本，让我演好生活的配角，给我一个十年，而我准备好了吗？

晚安，梦想家！明天在等你。

走在好莱坞的星光大道上

张 雪

个人简介

我叫张雪，英文名字是 Sherry（雪莉），出生于 1990 年 12 月 27 日，籍贯浙江路桥。身为一名入党积极分子，我热爱祖国，坚决拥护中国共产党的领导，积极向党组织靠拢，并深为自己是一名中国人，是一名浙江警察学院的学子而感到骄傲与自豪。在校期间，我严格遵守各项规章制度，时刻铭记着自己预备警官的身份，严于律己，努力使自己德、智、体等各方面得到全面的发展。

入校前长达一个多月的警训磨炼了我的意志，为我洗去了未脱的稚气，并让我逐渐认识到纪律和养成意识的重要性。在校期间，认真学习课堂上的专业知识，顺利通过了各项考试。课余的闲暇时光于我，是轻盈即逝却又令我无限怀念的。徜徉在学校图书馆里——信步走着直到有那么一本书忽地叫住了你——早已不记得书的内容，而那份悠然如水的心境却为我所深深怀念。

2010 年 5 月，作为 08 国际警务合作班赴美访学区队的光荣一员，我开始了为期 9 个月的赴美留学之旅。初到时短暂的新鲜感伴随着接踵而至的种种困难，所有的喜怒哀乐在这短短的 9 个月中不断地上演。有过辛酸的泪水、有过成功的喜悦，当这一切随着两次飞机的一起一落化为大洋彼岸永远美好的梦境时，我想我收获的不仅仅是语言的进步、知识的增长，更是一种成长的历练。

体验美国警局

2011年1月13日，我们开始了为期5天的League City（里格城）警局实习，虽然时间很短，感触却很深。我们不仅学到了不少的美国警务知识，体验了美国社区的治安情况和美国警察的接处警模式，而且和所住的美国家庭也建立了深厚的友谊。

苕米警官带我们参观里格城警局

实习第一天，我们便在女警官苕米的带领下参观了整个警察局。美国警局的警务设备让我大开眼界。警局里面分工明确，各项设施都是各司其职，有条不紊地为警务工作提供服务。印象最深刻的是其中的监控设备：在里格城警局，每个警官的地理位置都可以在电脑上显示出来。这不仅有利于人员调控，而且起到了监督作用，能有效避免警察在工作期间离岗。而更为重要的是，它也是对警察的一种保护，因为一旦发生意外事件，可以很快知道警察当时所在的地点和方位。

实习期间，我们有幸领到了警局发给每个同学的临时警官证，可以跟着师傅坐警车巡逻并且亲自体验各种治安事件的处理过程。里格城警局的每一个警官都配有一台触屏式的车载电脑，师傅告诉我这台电脑功能很强大，哪里发生了什么案件以及情况处理后的反馈都可以及时接收到。警察日常的接处警和电脑密切相关：通过不同的字体颜色显示，警察可以清楚地了解到发案地点在哪个辖区，哪些是已处理的，哪个警察是 Available（有空待命）的。如果要接理该案，可以直接点击电脑屏幕进行操作，处理的结果也可以直接输入电脑，做到及时有效。师傅告诉我，如果事件是 serious（严重）的，电脑会发出警报以引起警官的注意，赶赴现场的警官数量也会较多。现在他们的工作已经离不开这台电脑了。

射击练习后的打靶成绩

不仅如此，警察之间也可以通过电脑安装的特定系统进行交流协作，如当某地发生案件时，如果你刚好有事情耽误无法及时抵达现场，就可以立即反馈给附近辖区的同事请求援助，实现人力资源的有效合理配置。电脑上还装有 GPS，可以清楚地显示自己所处的方位以及周边的环境。在 traffic stop（交通拦截）中，如超速车辆的拦截，只要通过简单输入对方车牌号就可以查出该车车主、牌照过期日期、是否有违章记录等各种信息，以便警察更好地了解即将对付的是怎样的人，做好充分的准备，真正做到“知己知彼，百战不殆”。

除此之外，警车里面还配有雷达测速枪、摄像头、录音笔和对讲机。考虑到我们的安全，巡逻的师傅一般是不要求我们下车的，毕竟这是个公民有权持有枪支的国家，每个警察虽然都会穿着防弹衣，但即使是看似简单的超速拦截也蕴藏了太多的危机，警察在靠近车主的时候都是万分谨慎小心的。警车车头装有录像设备，可以将警察的处警全过程记录下来，是为维护警察正当权益而设置的。当师傅出去处警时，我坐在车里可以清晰地看到和听到他和车主之间的对话。或许是环境所迫，美国的警察必须时刻警惕暗箭冷枪，这也练就了他们较高的安全防范意识。师傅告诉我，每次结束后一定要等到对方车辆驶出视线才能开车离开，因为有的车主可能会在你离开时朝你开枪。虽然只是个小细节，我却从中体会到他们高度的安全意识。

总结巡逻遇到的各种事件以及和师傅的交谈，我了解到该市最常见的是偷车案，到建筑工地偷窃建筑材料的案子也时常发生。这里的公民对警察还是比较配合的，虽然师傅说民众更喜欢消防员，因为他们是救人的而我们是逮捕人的，但经过几天的观察，我发现公民对警察都很有礼貌，看到警察会挥手问好，我还遇到一个公民向警察反映小区最近经常出现好几个车辆一到晚上就在某个街道来回开，然后聚集在一处的可疑情况。我认为这不仅是对小区安全的关心，更反映了公民对警察的信任和支持。印象最深的一次巡逻是个晚班，警车想拦截一个超速车辆，可是车主径自驶入家门口的车位停住并且试图出来，师傅一次次用高音喇叭命令他靠边停车，不要走出车门，他就是不听，这使得形势处于恐慌状态，因为很可能他会拿武器袭击警察。后来发现，车主是个不懂英语的亚洲人，事情发生最重要的原因在于他缺乏法律常识，因为任何司机都应该知道当一辆警车开着闪灯跟在后面时是要靠边停车的。最后的处理是，由该车主的女儿当翻译，师傅耐心详细地向他介绍了相关的法律，告诫他以后遇到类似情况应当怎么做。事后师傅告诉我，这种情况是可以直接逮捕的，只是考虑到车主并非故意为之而且没有违章记录，就放他一马，因为告知相关法律才是对他最有益的。这让我体会到美国社区民警真正为公民考虑的良苦用心。

警局的体验实在令我获益匪浅，而在 host family，即我居住的美国人家里，我更是体会到了家的温暖。夫妻两个都很和蔼，听我提起 Alvin 警局实习的同学们去了野生公园游玩，便问我明天我们也去好不好，他们让我想起了自己的父母。“You are my Chinese daughter”（你是我们的中国女儿），他们这么说，让我感动不已。考虑到我喜欢中餐，他们就特地带我去中餐馆吃饭，还在家里煮米饭吃。我说到中国的传统食物饺子，他们于是提出要包饺子，特地带我找饺子皮、买肉馅，然后和我一起乐此不疲地包饺子。晚上如果不值班，我们会在客厅一边聊天一边看电影，和他们的儿子玩着一些小游戏，家里的四条小狗蹦来蹦去争着想要黏在我们身边，两只鹦鹉偶尔叫两声“Hi”想要引起我们注意……外面很冷，屋子里却暖暖地洋溢着家的气息。

这短短5天的实习将是我毕生难忘的经历，我很庆幸自己能有这个机会。未来的路还很长，我们随时整装待发。

你是人间的四月天
——我在美国做志愿者

我说你是人间的四月天；
笑响点亮了四面风；轻灵
在春的光艳中交舞着变。

你是四月早天里的云烟，
黄昏吹着风的软，星子在
无意中闪，细雨点洒在花前。

…………

你是一树一树的花开，是燕
在梁间呢喃，——你是爱，是暖，
是希望，你是人间的四月天！

当我绞尽脑汁地想要用什么样的字句来形容一群纯真可爱的孩子

时，这首美丽的小诗蹦入我的脑海。林徽因将这首诗献给她刚出生的儿子，而我要将这首诗献给和我仅相处了4天却已深深地印入我的心田的孩子们。

志愿者们——我和八名美国学生

春假的新奥尔良之旅可谓醉翁之意不在酒，在乎志愿者工作也。此行同去的共有10个人，都是山姆·休斯顿州立大学的学生，有心理学专业、护士专业、生物学专业等，一个共同的使命将我们联系在一起——帮助灾区的孩子们。

5年前的卡崔娜飓风曾使人口达50万的新奥尔良变为一座水城，即使在今天仍然能看到许多被洪水腐蚀的楼房和正在重建的公路和建筑。在我们临时居住的地方，工作人员特地将当年洪水淹没时留下的水渍指给我们看：只见在离室内地面3米高的墙柱上有一道明显的水渍，仿佛正无声地诉说着当年的灾难与痛楚。飓风引发的洪水使新奥尔良市内约100所中小学校中的许多学校都无法使用。据美国教育部估计，有多达37.2万名路易斯安那州和密西西比州的儿童不能重返学校。而我们这次的任务就是帮忙照顾托儿所的孩子们。

我们兵分三路，分别奔赴临近地区的三个不同的托儿所。我和另外

托儿所的孩子们

两名美国女生被分到休姆儿童发展托儿所，它占地不大，仅由三个教室、一个厨房和一个小游乐场组成，容纳的孩子却有近50个。第一天我们去报到，接待我们的是一位和蔼的黑人老奶奶格林女士，她自豪地向我们介绍了这个托儿所的历史以及她们每天做的一些工作。起初这里只是教堂，有一些慈善人士帮助忙碌的母亲（尤其是黑人母亲）照顾孩子，逐渐发展成社区服务项目。我怎么也没想到这个小小的托儿所竟有一百年的历史。更令人赞叹的是，卡崔娜飓风将教堂摧毁后，在资金有限的情况下，他们在教堂和托儿所之间选择了建立托儿所。因为在他们看来，能为孩子们建立一个安全的学习园地才是当务之急。“有时候我们要连续工作一整天，这真的很累人”，格林女士说，“我甚至想过放弃，可是当我一看到这些可爱的小脸、看到他们纯真的笑容时，我就想，无论怎样都值了！”正是这句话，让我觉得自己的工作是如此平凡却又如此崇高。

很快我们就开始了每天的工作，我被分到一个艺术班里帮助老师管理孩子们。艺术班有18个孩子，都只有三四岁，而且大部分是黑人小孩。那里的工作人员也全部是非洲裔美国人，他们告诉我这些孩子大都来自单亲家庭，有的单亲妈妈每天要工作很长时间，根本没有时间照顾她的小孩。当我第一次走进教室时，只觉得一双双好奇的大眼睛不时地看过来，我陪他们一起画画，发现这群孩子很需要大人们的爱，只要给予一点点的关注，他们就会很开心地缠着你不舍得你走。当我问其中一个孩子画里面的故事时，坐在旁边的孩子看到了，也争着要告诉我他的画里面有什么故事。我陪他们玩游戏、讲故事，很快他们就显现出了孩子们特有的天性，一个个像蜜糖一样黏过来，还不停叽叽喳喳地问我："你从哪里来呀"、"你会在这儿工作吗"，顷刻间我就被一群小不点们团团围住动弹不得。当我告诉他们我来自一个离美国很远的叫中国的国家时，他们更是瞪大了好奇的双眼："你能说中文给我们听吗"、"我会说西班牙语，你听过吗"、"我可以碰一下你的头发吗"……只觉得身边的空气已被孩子们七嘴八舌的发问以及忽然跑过来想吓吓我的尖叫声所淹没，为了获得一些呼吸的空间，我灵机一动，问："谁能给我唱首歌呢?"一个一直往我怀里钻的伶俐可爱的小女孩听我这么一说，很快开始唱了起来，其他的孩子们也停止了吵闹，跟着唱了起来，小小的游乐场瞬间被歌声所萦绕。那一刻，只有明朗的阳光、碧蓝的天空以及孩子们美丽的歌声，整个世界在顷刻间变得纯净而美好，时间仿佛都恋恋不舍地停住了脚步，好让这一刻永永远远地留驻。

那天晚上回到住处，闭上眼睛，看到的全是孩子们写满纯真的大眼睛，耳朵里也充盈着他们嬉戏打闹的银铃般的笑声。这是我在休姆托儿所工作的第一天，我却迫不及待地想要再见到他们。

你是人间的四月天。

因为你们，一切变得有意义。

项　　桥

个人简介

我叫项桥，我的英文名是John Wayne（约翰·韦恩）来自于美丽的天台，出生于1990年9月15日，是08国际警务合作班大家庭的一员。我的兴趣爱好广泛，喜欢打篮球、唱歌、健身。我也喜欢踢足球，不过只限于当守门员，喜欢游泳，但是只会狗刨。

通过自己的努力学习，我获得了去美国山姆·休斯顿州立大学留学一年的机会，不仅收获了知识更增长了见识。留学生活漫长而又短暂。回想起来为期8天的探险生活至今记忆犹新。与9位美国朋友一起，我们自己驾车，闯荡在得州西部的荒原上。天黑了，我们就拿出自己带的原料做出丰盛可口的晚餐，然后围坐在火堆旁讲述每个人的故事，夜深了，我们就安然地躺在自己搭建的帐篷里，伴着虫鸣入睡。我们住的不是星级宾馆，早上简单吃过早饭，灌了满满两瓶水就继续我们的探险之旅。8英里的登山，顶着三十几度的高温走了整整7个小时登上了得州第一高峰。在州际公园中玩沙、滑沙，参观国家公园的钟乳石洞。探险中我们相互帮助，相互了解，结下深厚的友谊。

我喜欢探险，喜欢各类运动，同时我还是一个活泼开朗的人，喜欢交朋友。但我也是一个能静得下来的人，真正学习的时候能认真踏实，工作时吃得了苦。身为警院的一分子，希望通过自己的努力能当一名合格的警察，为公安事业贡献一分自己的力量。

中美警务制度异同

为期 5 天的美国警局实习不仅给自己的学习生活增加了趣味，更重要的是丰富了我人生的阅历，我想这些所见所闻对自己今后所要执行的工作真的带来了很多的启发，中美的警务制度真的存在很大的差异。

与实习警局的警官合影

中美的警务制度是不同的。首先，两者的警务系统是不同的。中国的警务制度是这样的：接处警中心接到报案以后，把案件的信息发到所管辖的警局中，而每个警局里也都有个小的接处警中心，当接到案件以后，就把任务分配到值班的民警，然后民警驾车前往案发地点处理警情。而美国的警务制度是不同的：和中国一样的是他们也同样有个接处警中心，系统地处理报案，然后把任务分配给巡逻警察。不同的是，在美国巡逻警察有很多，他们一直都是在外面巡逻，一方面他们到处巡逻，检查各种车辆，一般有两种方式，一种是检查有问题的车辆如哪辆车超速了或车辆没有进行年检而标签过期了，巡逻警察就会记下车牌号，在警察内部的一个系统内查该车的历史记录，接着是亮起警灯，示意靠边停车。然后对车辆进行检查，并检查驾驶证，如果该驾驶员拿到过很多罚单，或有很多罚金没交，这次又超速的话就会给罚单，情况严重的话甚至会逮捕车主，如果车主没有什么严重的历史记录，而且比如说这条路限速40但路很宽阔即使超速开到50情有可原的话，巡逻警在警告车主以后会放他走而且不会给罚单。另一种就是到处巡逻随便看到一辆车就跟着车，拍照并输入系统里看这辆车的历史记录，如果车主曾经吸过或贩卖过毒品，或车主曾多次闯红灯，未支付罚金等存在一系列问题，巡逻警就会找各种借口如转向时未打转向灯等理由把车主拦下，然后对车子进行检查看有没有毒品或其他非法物品。另一方面当指挥中心接到报警后他们会把警情发给离案发现场最近的巡逻警察，而巡逻警察就以最快的速度赶到现场。在这里我想说明，当接到紧急案件时，警察可以开启警灯超速行驶。但这并不意味着他们可以随心所欲尽情地超速行驶。当他们亮起警灯超速行驶时，车内的摄像头就立即开启，他们的所有行动都会被摄像头所记录，而且在固定的时间内，巡逻警察需要把这些视频传给专门的部门，这个部门会浏览这些视频以确保杜绝毫无理由的超速行驶。对比两者的区别总体来说就是：中国警务采取的是值班制，当民警轮到值班时他们就必须24小时待在警局里，等待指挥中心下达任务，然后前往事发地点处理警情。而美国警务制度采取的是，巡逻警察在上班的时间内一直都是在路上巡逻（一般是三班倒，8小时一班），一方面解决发现的问题，另一方面当指挥中心接到报警时就可以派离案发现场最近的巡逻警察快速地赶到现场。

对于这两种警务制度我想各自有自己的优点吧，也不能说孰好孰坏。巡逻警察整天在路上巡逻，在一定程度上确实减少了犯罪的发生，而且能快速地赶到现场处理警情，最重要的是警察整天在路上巡逻让市民看到了他们确实在工作，这对于增加群众的安全感和满意度有很大的帮助。当然没有任何东西是完美的，这样24小时的在外巡逻，油费当然也是一笔很大的开支，再者就是整天在外巡逻确实是一件非常累的事，对于民警他们真的会很累。我认为其实两种不同的警务制度跟两个国家的差别是息息相关的。美国地广人稀，一般案发地点离警局都是有段距离的，如果真的每个案子都是要等到接到报警以后再从警局赶到案发地点，那么处警时间真的要很长。而如果在中国实行巡逻的话，我想大部分的时间都会花在堵车上，根本开展不了多少工作，也许骑自行车巡逻和骑摩托车巡逻能更容易实现。总而言之，两种警务制度各有各自的优点，都是符合自己的国情的。也许两者相结合会产生最大的收益。

在实习期间进行射击训练

虽然两者的警务制度是不同的，但两者的理念我想总体上是相似的：都是打击犯罪，服务人民。5 天的警局实习已经过去了，但美国警员的热情好客和办事的雷厉风行我将铭记，并在日后的工作中做到如此。

丢钱包记

2010 年 9 月 7 日清晨，由于早上 8 点钟有课，我 6 点半就起床了。胡乱啃了几片面包，7 点半左右推开公寓的房门，迎接我的却不是温和的阳光，而是满目迷蒙的雾气——快要下雨了吧，我心里想着——此时的我又如何知晓，这罕见的烟雨天气竟是为这天的丢钱包事件所作的渲染。还有 20 分钟的路要走，雨水滴答滴答的紧凑节奏催促着我加紧了步伐。路上的车辆川流不息，而如这般在雨中匆匆行走的却独我一人。加油站、HEB超市、红绿灯路口……物是每日里常见的物，过往的面容却是异样的陌生。

和美国朋友合影

当校园的钟声疲倦地敲过八下时，我已然抵达教室——睁开惺忪的睡眼，努力让自己打起精神。古有头悬梁、锥刺股，继而有卧薪尝胆，而我也使劲掰开那慵懒沉重的眼皮，让这心灵的窗户向知识敞开。从贝卡利亚到龙勃罗梭，从天生犯罪人到犯罪基因论，从社会学习理论到社会控制理论，从泰德邦迪到其他杀人狂，我感觉自己正向“犯罪学大师”靠近。

中午11时，一天的课程暂告一段落，到了最渴盼的午餐时光——巨型汉堡、油炸薯条、美味披萨、清凉可乐、琳琅水果——我从知识的海洋转战美食的海洋，大快朵颐之后，抖擞精神，准备迎接下午的课。走出餐厅外面竟已大雨倾盆，无奈开课在即，于是我再次接受了得州雨水的洗礼，大迈步冲向了教室——这似乎是再平常不过的学习日，宿舍、学校、教室、食堂四点一线……

下午1点50分，所有的课都已结束，天空却依旧下着小雨，不知怎么隐约有些烦躁。来到图书馆自习，安坐下来时，我才发现……钱包不翼而飞了！钱包里面有我宝贵的身份证明和所有的银行卡，怎么办……我不知该如何描述当时的心情，如果是电影，那应该是逐渐变暗的画面和瞬间的无声与慢动作。一时间我只是望着窗外静静地发呆、发呆。此刻的心是如此安静，安静得仿佛可以听见雨滴落地而破碎的声音。

和美国朋友野营时合照

最终我“痛定思痛”，决定自己去解决这件事情。我首先去了Lowman Student Center（学生活动中心），在那里登记了自己的情况并留下了联系方式。在工作人员的建议之下我又去了university police station（校园警察局）并留下了联系方式。做完这一切，我只有等待、等待……

我不知道是否美国的孩子每天被教育要路不拾遗，要学习雷锋，我的丢钱包事件的结局是，有人捡到了钱包并交到了校园警察局，我在警察局拿回了钱包，分文未少，像童话故事里的“happy ever after”。如果你说它老套，那我会说我真的希望在我们自己的祖国，每天都会发生这样老套的故事，至少我永远都不会嫌它老套。有人感慨得州小镇民风的淳朴，有人感叹信仰的力量。而我却从中悟出了一个人生道理。有这样一个小故事：

鉴真和尚刚刚剃度遁入空门时，寺里的住持让他做了寺里谁都不愿做的行脚僧。有一天，日已三竿了，鉴真依旧大睡不起。住持很奇怪，推开鉴真的房门，见床边堆了一大堆破破烂烂的芒鞋。住持叫醒鉴真问：“你今天不外出化缘，堆这么一堆破芒鞋做什么？”鉴真打了个哈欠说：“别人一年一双芒鞋都穿不破，我刚剃度一年多，就穿烂了这么多的鞋子，我是不是该为庙里节省些鞋子？”住持一听明白了，微微一笑地说：“昨天夜里落了一场雨，你随我到寺前的路上走走看看吧。”寺前是一座黄土坡，由于刚下过雨，路面泥泞不堪。住持拍着鉴真的肩膀问：“你是愿意做一天和尚撞一天钟，还是想做一个能光大佛法的名僧？”住持捻须一笑又说：“你昨天是否在这条路上走过？”鉴真说：“当然。”住持问：“你能找到自己的脚印吗？”鉴真十分不解地说：“昨天这路又平又硬，小僧哪能找到自己的脚印？”住持又笑笑说：“今天我俩在这路上走一遭，你能找到你的脚印吗？”鉴真说：“当然能了。”

住持听了，微笑着拍着鉴真的肩说：“泥泞的路才能留下脚印。”

此次丢钱包记除了教育我要常怀感恩之心外，也告诉我偶尔的失意只会是人生中的一段小插曲，前方的磨难与坎坷不计其数，而正是这些磨砺与苦难造就了我们坚强的人格。与兄弟姐妹们分享这个故事，共勉！

林　青

个人简介

我叫林青，英文名是 Mia（米亚），来自浙江象山，出生于 1989 年 7 月 6 日。我是一名中共党员，大学期间曾担任浙江警察学院 08 国际警务合作班赴美访学区队团支部书记、宣传委员等职务。

2010—2011 这一学年中，我与区队中其他 16 名师生一起，圆满地完成了在美国得州山姆·休斯顿州立大学刑事司法学院 10 个月的访学任务。在美访学期间，我严格要求自己，脚踏实地，虚心求学。在各项功课成绩优异的情况下，还积极参加山姆·休斯顿州立大学刑事司法学院第三届本科生论文年会，并获得海报组第三名的奖项，受到美方的肯定。除了学业，我还秉承了自己的一贯作风，以严谨的工作态度，创新求变的工作方针，认真组织和开展形式多样的团学工作。

在我的组织下，区队团支部开展了以“Movie Night in Chinatown”（中国城的电影之夜）为主题的电影展，以制作感谢视频、举行新春派对、毕业答谢会等形式，展现团队感恩、合作与团结的形象，并通过编辑制作美国社区警务实习手册和总结报告，创办区队杂志等形式，搭建警务交流的平台，展现赴美学习生活的风貌。

在美一年，我时刻牢记自身职责，不断地挑战自我、团结同学，顺利地完成了访学任务，为母校和祖国争得了荣誉！

美国社区警务所见所闻

美国中部时间2011年1月13日至17日是我们赴美访学16名同学去得克萨斯州Alvin（艾文）和League City（里格城）警察局进行为期5天实习的日子。对于此次实习经历，我期待已久，这既是一个了解美国警务，融入美国生活的平台，也是向美国警察介绍中国警务、传播中国文化的好机会。

在此期间，我被安排到Alvin警局，跟随一个叫Margaret（玛格丽特）的巡警一起巡逻，处理案件。Alvin是一个只有两万人口的小城市。当地的犯罪率相对较低，治安状况在得州算是比较好的。恰逢周末，相对来说一天的报案数跟出警率不是很高。但是在旁边观看师傅外出执法，开展警务工作的时候，很多细节都给我留下了深刻的印象。

巡逻期间，警员处理最多的就是交通拦截了。美国以车代步，因而超速等问题就比较多。当班的警察一般都会随机地在一块自己的责任辖区内，检查交通状况，确保路况良好。如果车上的雷达装置显示来往车辆的车速超过某一路段的最高限速，警察就会开车追上去，并且亮起警灯，鸣起警笛，示意车主靠边停车。每辆巡逻的警车内装有电脑，连接警局内部系统，只要输入车牌号，系统就会显示出这辆车的所有记录。通常警员在下车前都会快速确认所拦截的车辆不是被盗车辆，没有违章记录等基本在案情况。在下车前，警员还会随手打开安装在警车正前方的摄像头，录制在执法过程中的一切，以备不时之需。下车后，警察会很自然地在车身后方留下自己的掌印，用来固定证据。到了司机身边，警察会很礼貌地跟其打招呼问好，然后告诉他为什么拦下他，以及将要对其的处理意见。同样地，警察也会听当事人的解释，问清楚缘由。我还记得其中一辆商务车的例子。根据得州当地新颁布的法令，所有来往车辆看到警车停在路中间并鸣长笛、闪警灯的时候，必须停车或减速让行。当时那辆商务车并没有停下，而是疾驰而过，于是师傅 Margaret 果断决定上前拦截。她并没有责备司机，而是先询问了一下司机是否知道有这么一条新出台的政策，得知司机并不是明知故犯之后，她照例检查了车辆记录，以及司机的驾照，确定其良好记录后，向他解释说明了原因，并友善地提醒司机下次注意。在美国，并不是每一次交通拦截后警察都会开罚单，警察拥有自己的自由裁量权。像超速这种情况，罚款是根据超过限速的百分比计算的。如果超速不多，并且车辆有着良好的行驶记录，警察都会视情况给予警告，而不是罚单。很多时候，警察都会以提醒司机为主，司机也能很好地理解警察，在处理之后，还会跟警察握手道别。警民关系十分和谐融洽。

与 Alvin 警局巡逻警员们合影，左一为巡警 Margaret

在 Alvin，以社区为基础，围绕社区进行巡逻，在巡逻过程中进行一系列的社区警务活动做得相当成功。警察跟群众之间，是一种很友好、和善的关系。开车在巡逻的路上，就时常会有路人朝警车挥手示意，巡警也是很礼貌地点头问好。碰到汽车没油了，或是开错高速被堵在路上的情况，也会在第一时间求助警察，值班巡警便会迅速前往援助。哪怕是带当事人回警局，或者是送闹事者进拘留所，警察也很少动粗。整个执法过程都是相当耐心和到位的，这也体现了美国警察良好的职业素质和修养。

在 Alvin 警局门口留念

在这短短的 5 天内，我们白天跟着警局的警员巡逻，晚上就跟当地的 host family（接待家庭）住在一起。这对于我们不得不说是一次难能可贵的经历。作为国际警务合作班的一名成员，这也是我们第一次零距离地跟美国警务接触，将书本知识跟亲身实践结合起来的绝佳机会。虽然时间很短暂，但我还是学到了很多关于美国警务的先进方法和理念，在各个细节中体会和感受到了美国警察规范执法、人性化执法的一面。与此同时，我也通过自己的言行向 Alvin 的警员们介绍中国，宣传中国警察文化。我希望以后能有更多这样的机会，来进行中外警务机制的比较，去发现国内警务中的些许不足，相信通过取长补短，一定能把中国的警务机制建设得更加完善。

谈“吃”

所谓民以食为天。“吃”的风俗，在每一个不同文化地域里都是必不可少的一部分。在中国向来有衣、食、住、行的说法，可见吃的文化在人们生活中的比例有多重了。

由于气候、环境的差异，每个地方的饮食习惯都有其独特性。来到美国这么久，最最怀念是国内的各种美食，虽然也会在学校的食堂或是餐馆里尝试一些很有美国特色的食物和墨西哥餐，但终究不能习惯顿顿速食的日子，常说留美念家，其实很大一部分也是对妈妈的私房菜、家乡的小吃的垂涎。今天在电影之夜看到《饮食男女》中朱老父亲那套炉火纯青的烹饪技术，在口水不已的情况下，更是引发起自己对东西方饮食差异的小小感慨和共鸣。

春节聚餐时与美国友人共享中国式美食

话说身在美国，才感受到中美饮食文化的确有很大差异，这也是由中西方不同的思维方式和处世哲学造成的。中华饮食源远流长，几千年的农耕文化造就了“天人合一”的思想，注重煎炒蒸炸的技法，讲求色香味俱全。因此菜式都是十分精细的，做工也很复杂。虽然也有食谱，但每个厨师刀下的手艺都大有不同，想要达到一定的境界更是需要细致入微的雕琢。例如，很多人都不明白东方饮食里所讲求的“火候”，一道菜，在烧制过程中火力的大小，原料的材质，数量的多少，对最后成菜的口味都会有影响。西方可就不一样了，很多食物都是极其简单的快餐式的做法。基本的食材，加上酱料，放进微波炉或者烤箱里热一热，便大功告成。就像美国普通家庭里最常见的蛋糕、曲奇，都是一些简单易做的点心，只要购得材料按照说明依葫芦画瓢即可。然而就算这样简单的小食，也会是一家女主人用以炫耀手艺不错的资本。在他们的理性思维里，每一道程序都是可定量而论的，加多少配料，放什么口味的酱汁都可以做到精确无误。因而每一家西式快餐连锁都是同一个味道，你根本不会知道厨师是谁。而在中国，常常能见到吸引一些食客慕名而来的老字号招牌，声名远扬。

在学校 Belvin（贝尔文）餐厅聚餐

西方社会就大不相同了，他们宣扬的是理性与自我。在吃的学问里，他们相对重营养而轻口味。在美国常常能吃到很粗糙的沙拉，而且西芹、花菜等蔬菜都被切得很大块然后和着其他配料一块儿吃。美国同学很喜欢这样的配餐，而我对这样的吃法总是不太习惯。随处可见的鸡块和可乐，三明治跟汉堡是永远不变的主食……在我眼里，老美对于吃，更多的是“充饥”概念，而忽略感官上的享受。当然，这种吃法，是他们文化中不可分割的一个部分。在他们的眼里，应该很难理解中国人对于食物有追求艺术般的热忱吧。

谈着谈着不觉就饿了，回想着国内的种种美味，胃里就更是止不住强烈的空腹感。记得过年的时候，大家都嚷嚷着要年糕要汤圆，这些传统的食品唤起了节日里的我们对家和亲人浓浓的思念。听到有同学笑说回国第一件事就是扫荡街上各路餐馆跟小吃，非把过去几个月错过的都补回来不可。虽是说笑，也足可见得“吃”文化在国人心中的地位和影响了。

谢舒晔

个人简介

我叫谢舒晔，我有一个伴随我 12 年的英文名字叫 Alan，生于1990 年1 月的我，来自美丽的杭州城。

自 2008 年进入浙江警察学院，我认真学习专业知识，刻苦锻炼身体，工作尽职尽责，积极向党组织靠拢，并通过了学院的层层选拔进入了我校公安部国家级人才培养创新实验项目“国际警务合作班”。在 2010—2011 学年被学院选送至美国山姆·休斯顿州立大学刑事司法学院访学一年。在赴美期间，主修犯罪学、美国刑事司法体系、青少年犯罪、毒品犯罪、得州刑法等课程，以全 A 的成绩完满结业，并在山姆·休斯顿州立大学刑事司法学院第三届本科生论文年会取得论文组第三名的成绩。

在校期间，曾担任班长和文体委员。在赴美访学期间担任文体委员一职，组织了山姆·休斯顿州立大学“中国之夜”，区队体能测试等活动，并参与了区队组织的“中国电影沙龙”等活动，通过电影和演讲向美国学生展示了中国；在生活中，我作为区队理发师，赴美期间承担起了为区队所有同学理发的工作，获得同学们的好评；赴美期间我积极参与校园活动，与美国的同学和教授们结下了深厚的友谊，在圣诞假期期间，通过学校的牵线联系，我前往得克萨斯州里格城警察局参加了为期一周的警务实习，在实习过程中我虚心学习，积极提问，了解了课本上学习不到的社区警务实践知识，并和当地警察形成了良好的沟通，留下了难忘的回忆。

真实的美国社区警务

出国之前一直很羡慕美国的警察，有多么的威严，能够配枪，做着警察真正该做的事——打击犯罪。直到经历了这一个礼拜的美国 League City（里格城）警局实习，我才真正了解到社区警务理念指导下的美国警务的现状。

巡逻是美国社区警务战略中的一个最重要的环节，是其他所有日常警务工作实行的依托。巡逻在一个警官一天的工作中所占的比重也是很大的。在 League City 警局，巡逻从几个月前的两班倒，改革成了现在的一天三班，也就是 morning shift（早班），evening shift（晚班）和 night shift（夜班），时段分别是6点到14点，14点到22点，22点到第二天6点，巡逻的强度很大，不管多晚你总能看到警车的身影，在班与班交接的时刻，也不会出现巡逻真空期。选班不全是按照个人意愿选的，一般两周一选，从辈分最老的警官开始选，到最后新警只能挑剩下的班，这也算是给老同志的特殊福利吧。一般来说 evening shift 是最“差”的班，不但是因为有 rush hour，夜幕降临后的超速、犯罪高峰，最主要的还是因为如果选了这一班也就意味着这一天你是见不到家人了。警官在巡逻时并不是漫无目的、不分区域地盲目巡逻，就像国内的社区片警，这里的警官也有自己专门负责巡逻的区域，他们称这些区域为“beat”（巡区），League City（里格城）被划分为6个这样的 beat，如果按照规模来讲，League City 就好比是杭州下属的某一个区，其 PD 就好比是某个区公安分局，不同于国内现在在分局下设公安派出所，League City 警局会将警官派到某一块区域进行不间断的巡逻，进行接处警，治安状况检查，交通事故处置，并起到威慑犯罪，增强市民安全感的作用。一定程度上讲每辆巡逻车就好比是一个移动的派出所。虽然每个巡逻警官都有自己负责的划分明确的 beat，但这并不是说其他 beat 里发生的所有案情、事故都是“事不关己，高高挂起”。当附近 beat 的警官需要援助，或者警官在警局和辖区来回途中刚好接近案情发生的地点，一般情况下，警官都有义不容辞地去处理案件、事故、求助的责任。

这样高效、精简警务的实现不仅是因为警官的高素质、警务理念的高度统一和成熟，更是要依赖出色的警用硬件配备，这里说的硬件不仅是装备在每个警官身上的警械装备，更主要的是在每辆巡逻车上所配备的先进的电子设备以及在警局内部，尤其是在 Dispatch Office（调度室）里的电子警务信息系统。

手枪、手铐、强光手电、Taser（电击枪）、备用弹匣、辣椒水、警棍、无线电对讲机、防弹衣、笔和记事本，这些就是我能在 League City 警局警官身上找到的所有装备，这些装备加在一起重量可能达几十磅，但是警官每次出警都不会落下一样。这不仅是为了打击犯罪的需要，也是出于保护警官自身安全的目的。不过许多警官也因为每天携带这些沉重的警械而落下了腰部的伤病。

Dispatch Office 也就是调度室，相当于国内的 110 指挥中心，市民的 911 报警电话都是在这里被接听的，然后调配员会将信息根据警官目前所在位置，通过无线电和警务系统分配给警官，调配室还可以定位 911 报警电话的拨打地点，如果是固定电话，可以精确到点，移动电话可以精确到一个很小的范围。调配室同时也是整个警局的前台接待窗口，市民可以来警局直接报警，向警官了解案件情况，或者进行投诉。警官在路面巡逻时，如需要查证核实证件号码，都是通过对讲机与调配员联系，获得信息；警官的一些其他的需求，一般也是通过调配室完成的，如更换巡逻区、午餐、休息时间申请等。

其实在我提到的这些硬件设备中，最让我感叹的还是那些配置在巡逻车内外的各种装备和警车本身。League City 警局巡逻警车配置有福特和道奇两种，车辆的性能很好，能够保证警官追捕超速车辆，或做出高难度的拦截动作。另外就像在前面提到的，一辆巡逻警车就好像是一个移动的派出所，警官可以通过无线电、车载电脑上的电子警务系统实时地进行接处警，这个电子警务信息系统除了接收警情之外，还有很多其

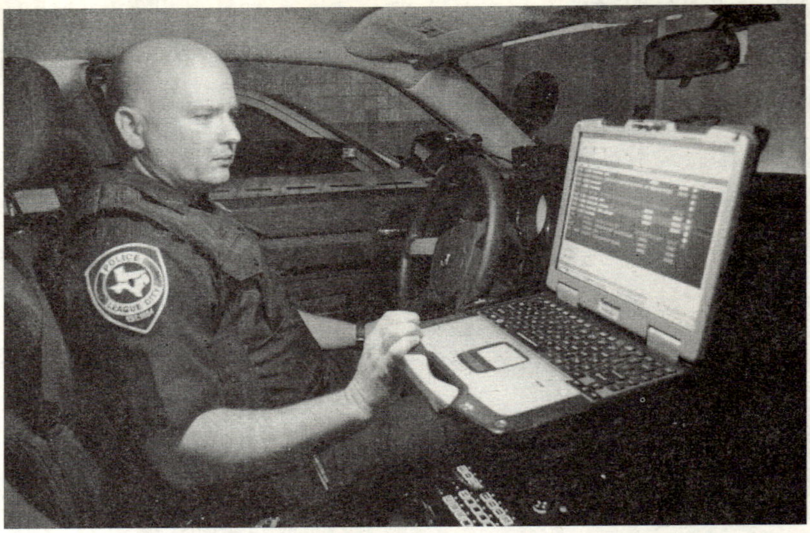

里格城警察局克里夫顿警官在巡逻警车上利用车载电脑进行处警后的案件反馈

他的功能。例如，车辆信息的获取，只要输入车牌号码，警官就可以知道驾驶员的详细身份信息，驾照是否有效，车辆是否属于被盗车辆，驾驶员是否被通缉。在这个车载电脑上警官还可以和其他任何警员进行沟通，并且可以了解到所有巡逻车的空闲状况，所处位置，处理案件的情况，并且在处置完案件或者事故后，案情回报也是通过车载电脑实现的。在查超速车辆时，警官只要正常地坐在车里驾驶，打开置于中控台上车窗玻璃前的声呐测速器，这样一旦发现有超速车辆就可以立马加速追赶，那个小仪器也成了超速车辆的噩梦。另外，不同于国内警官出警会携带录音笔，League City 的警官在处理案件时，会开启车辆后视镜边上的摄像头进行录像，将案件处理的全过程录制下来，这很好地保护了双方的利益。车上还配有打印机，来打印一些案件相关的文书，如 warning 和 ticket。此外，车外部的所有警灯、探照灯，都是可以在车内部控制的，这些灯可以照亮警车周围任何一个角落，以便夜巡警官可以对夜间周遭状况有一个良好的可视环境。

由于 League City 警局主要的警务理念是 Community Policing（社区警务），所以 911 所接到的电话许多都是求助电话，报警电话所占的比例很小。从警官履行的职责来讲，一名警官一天中所做的最多的事情就是

和我的接待家庭在分别之前的合影

处理交通事故、处理超速车辆、车辆拦查和市民求助。警官在日常巡逻中，并不是为了巡逻而巡逻，警车在马路上巡逻是为了要及时发现问题。换一句话说，巡逻并不是消极地待警，而是要在巡逻中去寻找潜在的治安隐患，如在不恰当的时间、不恰当的地点，有人在走动，或有车停着，警官都会上前盘问，或者通过车牌查证车辆和车主信息；警官还会在巡逻途中时不时地挑选行驶在马路上的车辆进行信息验证，一旦有问题就立刻追停。

美国的警官像国内一样也要从事许多的非警务活动，如调解邻里矛盾、家庭纠纷，在实习的这几天里，我和我的师傅就已经调解了好几例这样的问题。

关于警械的使用，美国的警官也是相当慎重的。在实习的5天里，我的师傅从来没有使用过枪支，甚至没有拔过一次枪，唯一一次使用警械是在一个醉汉对我们中国见习警员有意冒犯时，我的师傅对他发出了使用Taser的警告，但当那醉汉没有进一步动作后，师傅也没有进一步地使用武力。

HKC 体能测试小记

最近看到人人网上满页面的照片，都是一张张熟悉的脸在警院的操场上飞奔，一打听，原来是姗姗来迟的警院第十九届运动会。两年前，大一的运动会，坐在场边的我，虽然没有参加任何项目，但是为在场上的同学呐喊助威，直到声音沙哑，同样是一种参与。大二的运动会，前期工作热火朝天，不甘于再当观众的我也报名参加了一个项目，想体验另外一种参与的方式，然而甲型流感的不期而至让运动会被迫延期直至取消，遗憾而又无奈。现在，大三了，我身在海外，运动会跟我是彻底无缘了，没有办法亲身参与，也不能为同学呐喊，能做的只是在网上给同学留言：“×××，加油!”

男生们正在进行体能测试

但是在警院第 19 届运动会召开的第二天，2010 年 11 月 4 日，我们在 HKC 里也以另一种方式参与了国内的运动会，起码在同一天，我们的身体和国内的同学一样在运动着。我们将时间选在了4 日下午的2 点，同学们在下课后陆陆续续地到了 HKC，在更换好运动服后，大家就开始跑了。由于场地限制，学校没有标准大小的田径场，为了方便计算所跑的距离，我们就利用了健身房里的跑步机，因为跑步机上能实时记录你所跑的距离。

这次“体能测试”并不带有多少测试的性质，因为这是来美国之后大家第一次跑这么长的距离，目的主要还是以摸底和恢复性为主，让大家能对自己目前的体能情况有一个清醒的认识，所以并没有规定需要在多长时间内完成，在整个跑步过程中，速度和坡度也是由同学们自行选择，只要坚持跑完3 千米、5 千米就算完成。最后同学们都超额完成了，身体也未出现不适状况，说明同学们在来美国之后坚持锻炼的功夫没有白费，体能状况一直保持得很好。

在测试过程中，有这么一个小小的插曲，为了给这次活动做图片记录，在同学们跑步的时候，我拿出相机在拍照，在拍了两张之后，一位健身房的工作人员走过来，很有礼貌地跟我说：“不好意思，但是这里不允许拍照片，这是规定。”我说：“不好意思，我不知道这个规定。”我先把相机收了起来，之后又找到了那位工作人员，再次表示了歉意并问了他为什么这里不允许拍照，他告诉我这是考虑到其他来运动的人的个人隐私，有些人不太愿意自己的头像出现在别人的照片里，特别是当照片被上传到网络，我表示理解，向他说明了这次活动的原委后，我问他要如何才能在这里给自己的朋友拍照，他说这需要请示他们的负责人，得到批准了才能拍。于是我去了服务台，询问咨询人员要求找他们的负责人谈一下，咨询人员让我稍等一会，便去找负责人了。在等了近10 分钟之后，那个负责人才千呼万唤始出来，很热情地跟我打招呼之后，我再次向他说明了我们这次活动的情况，并告诉他我们只是需要拍几张照片做活动的记录，他接着说很抱歉让我久等，并且说只要拍的都是我认识的人，就没有问题。得到了批准，我拿起相机又补上了几张照片和几段视频，给这次活动留下了生动的影像记录。

这个小插曲，让我看到了美国的观念中重视对个人隐私保护的程度，此外，在工作人员第一次提醒我不能拍照之后，我们本可以在他离开之后偷偷地拿出相机，补上几张，毕竟偌大的一个健身房他是顾不过来的。但是我们没有这么做，还是去问清楚了情况，并且通过正当程序获得了照相的批准，因为我们想让美国人知道，我们中国人是有原则、讲规矩的。

在 HKC 门口与健硕的美国警察和美国大兵的合影

在这里，我还想介绍一下曾让我们挥汗如雨的 HKC。HKC 的全称是 Health &Kinesiology Center，HKC 并不仅仅是一个健身房，它是一个综合性的运动健身中心，位于整个校园的东南角。HKC 内设有 4 个篮球场，6 个排球场，12 个羽毛球场，10 个壁球房，一条室内跑道，一个室外游泳池，一个体操馆，一块攀岩壁和一个健身房。HKC 的硬件设施如果放在国内绝对可以算是一流了，这里的运动设施十分齐全，就拿健身房来说，因为我本人本就爱好健身，在国内时各种健身房也去过不少，包括许多收费的营业性健身房，但还没有看到过比 HKC 更专业的，哑铃有从 10lbs 每个到 110lbs 每个的，每种 4 个整齐地排放在落地大镜子前面；在每台跑步机、台阶机、动感单车、快走机前面都放着一台电视机，可根据自己的喜好收看不同节目；各种运动器械更是让你能从肩膀锻炼到脚跟。整个场馆内全年恒温，冬天就算户外冰天雪地，你也可以只穿短袖短裤锻炼；夏天外面烈日炎炎，你也不用担心因为闷热过度流汗而影响运动效果。

如果说硬件的好坏主要还是要看金钱的投入，那么 HKC 场馆的软件，包括服务和管理，就充分体现了美国的人性化的思考。HKC 对 SHSU 的学生和教职人员是免费开放的，学习日开放时间都是从早上 6 点到晚上 12 点，双休日晚上会比较早地关闭，这样不仅满足了学生不同的健身时间需求，还避免了双休日晚上整个场馆只为几个人开放的浪费情况。一入 HKC 的内部，动感的音乐首先就让你身体上的运动细胞活跃了起来，入口的工作人员每次都会主动向你问好，你只要出示你的 SAMID 卡并刷卡认证就可以进入。如果你需要更换运动的衣物，HKC 内有独立的淋浴房和更衣室，如果有需要寄存的物品，可以根据自己的需要，选择收费的加锁的储物柜和免费的储物格。在入口处的边上是 HKC 的总服务台，在这里你可以借用你所需要的运动器械，如篮球、壁球和球拍等。另外在场馆内部有多处直饮水，方便我们在锻炼的同时及时补充水分，在 HKC 内有时会设有宣传台，给来运动的人讲解科学的膳食结构，教我们如何健康地饮食。

关于 HKC，不得不说的是其中的工作人员。HKC 的工作人员都是在校的学生，这也是在校园里兼职工作的一种。场馆里面的任何一个地方都能看到他们的身影，篮球场边，游泳池边，健身房里，他们总是能提供给你所需要的帮助，解答你的问题。在工作人员中，也会有分类，如会有坐在服务台管理供借取的运动器具的，有在球场边和泳池边保障运动安全的，还有就是在健身房里的专业的私人教练。另外我还非常赞叹这些工作人员拾金不昧的精神，我们 16 人在这一个多月的时间里有两人次在 HKC 丢了东西，其中一次还是价值不菲的物品，在丢东西的当天，失主去服务台询问，并没有结果，在隔了几天后，失主已然不抱希望，只是随便地去服务台问了一下，结果服务台还真找到了，而且一直为失主保管着。

没来过美国的健身房，你不会知道什么样的人才能算强壮。不知道是人种的基因还是饮食结构的原因，像我这样的体型，原本在中国可以算是比较健壮的了，可到了这里，只能算小巫见大巫了。美国人肥胖现象的确很严重，但是仍然还是有很多人会注意让自己“stay in shape”（保持体型），并且常去健身房的人并不是那些整天无所事事的人，我通过和在 HKC 运动的人交谈后发现，也有许多热衷于健身的研究生、博士生，在 HKC 里碰到教授也是常见的事。在山姆 · 休斯顿州立大学的中国教授们时常也会约我们打排球、羽毛球，场地一般需要提前预约，我们每周会有一场固定的球赛，定在每周五下午，这不但缓解了一周下来大家紧绷着的神经，也每每增进了在 SHSU 中国学生与教授的感情。在平时同学们也会自发过来运动，哪怕只是有时候回公寓之前路过 HKC 进来跑一会步。在美国保持适量的运动还是很必要的，一来美国的食物热量很高，不注意锻炼身上的脂肪就会疯狂生长，二来锻炼有利于增强身体免疫力，身体是革命的本钱嘛，要拿全 A 还得有个好身体啊！

“崇文尚武”，这四个刻在警院行政楼前大石头上的四个大字，在我看来就像“忠诚、严谨、团结、献身”的校训一样，是警院对我们预备警官所提出的要求，我想我们没有让母校失望。

倪　彤

个人简介

我叫倪彤，英文名叫 Nydia（妮蒂娅），出生于1988年11月26日，我的家乡是温州鹿城。我是08国际警务合作班赴美访学区队的党支部成员。

10个月的赴美访学生活是我人生中一段不可复制的独特经历：习惯于穿梭在教学楼和图书馆之间，为着迎接每一次兼具语言能力与知识技能的挑战，脚踏实地，竭尽全力，终于收获了辛勤耕耘的优异成绩；有幸参与美国社区警务实践，在实战中，体验警务工作特色，在生活中，建立起坚固情谊；和最最亲爱的 Phillip Lyons（菲利普·莱恩斯）教授一起参加山姆·休斯顿州立大学刑事司法学院第三届本科生论文年会，精读原著，广搜资料，认真撰写，细致修改，借着团队包揽年会全奖的光辉也获得了论文组一等奖的佳绩；每一个微笑，每一个拥抱，都蕴涵着我和大洋彼岸的他们的深厚友谊，带着一颗真诚的心，和朋友们分享着那么多的欢喜……许许多多的宝贵经历，书写了那一段不平凡的时光；每一次不同的尝试，都让我挖掘自己的潜力，磨砺自己的意志。

我想，在今后很长的一段岁月里，即使忘记了很多细节，我还是依旧能回味着得州阳光的明媚与豪爽和那深邃夜空里伴我自习回家的闪亮星辰。心中铭记着那一次次艰辛的奋斗，一份份灿烂的收获，一段段深厚的情谊，便也就拥有了我的一段美丽人生！

美国社区警务实习有感

从第一天踏上美国这片国土起，除了倍加珍惜在 SHSU（山姆·休斯顿州立大学）的刑事司法学院求学的机会，且在学习之余能够体味美国风土文化，另一个令我兴奋和激动的便是我们将有幸在美国当地的警局实习，体验美国警察们的日常警务工作，进一步了解美国警务的理念和实践。终于，这一天到来了，令我心情激动，也夹杂着紧张。

08 届赴美访学区队学员在美国警局实习的时间是美国中部时间 2011 年 1 月 13 日 ~17 日，为了这为期 5 天的实习，我们在前期做了很多充足的准备。SHSU 大学刑事司法学院的 Phillip Lyons（菲利普·莱恩斯）教授和带队俞秋明老师曾多次拜访我校在美国得州的海外实习点 League City（里格城）和 Alvin（艾文）警局，与两个警局的局长和负责警官就实习事宜进行磋商讨论，制订了周密详细的实习计划；为了使我们的实习流程更直观，更富有系统性，由 Phillip Lyons（菲利普·莱恩斯）教授任总编，俞秋明老师监制，多名同学协助，在实习前期和后期，我们分别编辑制作了内容详尽、设计精美而且别具团队特色的《实习手册》与《实习总结》。我们每一个步骤，都寄托了我们对于这次实习活动莫大的支持和期待。我们希望通过充分的准备，能使整个实习活动顺利和安全地进行。我与另外 7 名同学一起，被安排在 LCPD（里格城警局）进行实习，并住在 Desiree Benson（德西蕾·本森）警官家里。

第一天，当我们在 LCPD 进行参观的时候，引起我兴趣的主要有三点：一是审问室里隐藏在时钟里面的小小摄像头，二是一间间独立的、专供涉及个人隐私案件当事人做询问笔录的办公室，三是每班执勤上岗之前的通气会议。

当带队警官 Tammy Spencer（泰米·斯宾塞）向我们介绍审问室时，同学们第一反应就是寻找房间里面的摄像头，然而没有收获，当她带着我们进入旁边一个有电视机的房间（用于监视审问室内活动）时，我们才被告知审问室里面的摄像头居然被隐蔽地设计在墙上的时钟里，让我们大呼“没想到”。其次是我们发现在偌大的办公室里面，有一个个独立的小办公室，起先以为是职位稍高的警官的办公室，后来听说主要是提供给性侵犯受害人以及涉及其他个人隐私案件的当事人做笔录用的，这不禁再次让我感到，他们十分尊重个人隐私，维护个人权益。每天，LCPD 都有三次轮班，时间分别是 6am ~ 2pm、2pm ~ 10pm 和 10pm ~ 次日 6am，每一班通常有 6 ~ 10 辆巡逻车在各自区域进行执勤巡逻。在每一班上班之前，由当班的主要负责警官针对新近各个警局发生的重特大案件或者正在缉捕的嫌疑人等信息进行通报或利用 PPT 给警员们进行关于处理不同案件应对策略的小讲座。

在 5 天中，我一共跟随了 4 个警官进行了 4 次执勤工作，基本上是中班和晚班。第一天，Benson（本森）警官就向我介绍如何使用他们随车配备的电脑；耐心讲解如何通过电脑与接警中心和其他同事保持联系，及时沟通；如何在执勤过程中、到达现场后以及离开现场后保护自己等；Murphy（墨菲）警官向我讲解如何依据所管辖区域特点进行巡逻。其间我们遇到当班的 3/4 的警官都赶往一个报案现场处理案件，使得执勤区域暂时地处于大面积警力缺乏状态，而驻守警官又是如何顾全大局，继续巡逻的事件等状况；Stevenson（史蒂文森）警官利用他精通西班牙语和良好的业务素质处理墨西哥人社区一醉酒妇女扬言自杀的案子；Digby（迪格比）警官则对于前期处理的案件进行后续跟随，并通过职业敏感性和细致的洞察能力，处理违反宵禁令的青少年等。所有的经历，都给了我很真切的实践感受，每一个例子都是那么鲜明，而我也带着笔记本，认真地做着记录，回到公寓之后，也依照笔记整理成实习日志，以供回忆、参考和借鉴。

在和 LCPD 局长的交流中，我们体会到美国人民对于美国警察的期待值是很高的，在日常的巡逻过程中，市民们也会友好地同警察们打招呼，当然，在执勤过程中也遇到市民对警察执法不理解、不支持的状况。在这5天里，我的接待家庭Benson警官是我最感谢的人，她的家人十分友好，我们在一起度过了欢乐而难忘的时光，彼此交流中美文化，建立了深厚的情谊。同时，警局警官们和工作人员也热情好客，给我们留下了美好的回忆。

正如带队老师俞秋明在欢送宴会上所说“It is not the end, but a start”（“这不是结束，这是新的开始”），这一次的警局实习生活，给我们每个人的赴美留学生活都添上了浓浓一笔，我们真正融入到美国人的日常生活中，彼此交流着文化，有着思维的闪光和碰撞，和警局的警官以及接待家庭之间结下了友谊的果实；对美国警务理念和实践都有了一个更深入的理解，同时，也希望能立足中国国情，适当借鉴，为中国警务理念和实践注入新鲜活力。

Presentation（演讲）后感

时光飞逝……

转眼这学期将近尾声，去年，听老师讲07IPC的师兄师姐们在期末时要在课堂上做Presentation，熬夜写Paper（论文），在忙碌中接受历练。而现在，自己也身在其中，心有感悟，体验着广搜资料写Paper，并在教授和班级同学面前讲演的过程。这个学期，我修的四门课中有三门需要完成这项任务：Criminology（刑事司法学）这门课是对学期论文的介绍；Violent Offender（暴力犯罪人）是篇学期课题，我选择课堂演讲来代替Paper撰写；Specific Topic of Criminology（刑事司法特别专题）是Group Presentation（团队演讲），强调的是小组合作。

站在讲台上，如果说不紧张，那是骗人的；但当我开始演讲的时候，就告诉自己要镇定，不要急躁，要从容地把自己想要表达的观点说出来，口齿清楚，适当加快点语速。比如在Thomas Warren（托马斯·沃伦）教授的Violent Offender（暴力犯罪人）课上，我抽到第四个演

在 Moore（摩尔）教授的 Criminal Law（得州刑法）课上，和团队同学们完成了团队演讲之后的合影留念

讲，这正合我意，因为事先做了充分的准备，心里就希望争取机会在大家面前展示。虽然我们中国学生在课堂上不如美国学生那么活跃，但我们亦是课堂的一员，而通过 Presentation（演讲）介绍并展现自己，就是一个绝佳的机会。

我演讲的主题是“Violence among Female Inmates”（女犯中的暴力行为）。让我高兴的是，当提到一个视频时，引起台下不少同学的共鸣，顿时增强了信心。在规定的时间内，我“貌似”镇定，而事实上亦完整、顺利地阐述了我对于这个演讲主题的观点。当我说“Well, it is the end. Thank You”（好了，我的演讲结束了，谢谢）的时候，台下报以热烈的掌声，教授也竖起了大拇指。我不禁长舒了一口气，大概是演讲时太专注，现在一放松，立马就感受到不断加速的心跳，紧张的情绪难以言表，念叨着“好紧张”回到了座位上——这应该是先前都未体验过的吧。这门课的演讲还有个有趣的现象，教授在期中让我们写过一个关于连环杀人案的作业，建议说如果对学期课题没有思路的话，可以对这份作业进行改进、完善，当做学期课题。但是，修这门课的 8 个中国学生

我参加山姆·休斯顿州立大学刑事司法学院第三届本科生论文年会论文组的论文演讲

都重新立意，从与这门课程相关的多个角度（如恢复性司法、女性暴力犯罪、儿童受害人、文化视野下的家庭暴力等）选择学期课题的主题，制作 PPT，写演讲稿，在大家面前演讲。而上台演讲的美国学生，无一例外不是介绍先前关于连环杀人案的作业。我只是觉得，我们不仅在课堂上学习新知识，课外也拓展了感兴趣的话题，进行自主学习，从而能够向教授和美国学生们呈现不那么千篇一律的演讲主题。这不就证明了团队中的成员们都在挖掘着自身潜力，更在努力地展示我们的实力吗？

再如，Kawucha（卡伍查）教授的 Specific Topic of Criminology 这门课上，要求的是 Group Presentation，每个小组成员都要求上台演讲，这就强调团队协作。我和吴骏同学以及另外 6 个美国学生是一组，主题是 Mexican Mafia——Sureno（墨西哥团伙中的一种），王贤元和夏壮胆同学以及另外 5 个美国学生是一组。我们在期中的时候就开始组织小组碰头会，确定分主题，分工合作，各自完成自己负责的内容。虽然我们很早就做好了分工，但是，对所有演讲资料的合并工作还是直到演讲当天早上才完成。原因是两三个美国学生由于各种原因，在演讲前最后一天才将 PPT 制作好，邮件发给负责的同学。而在演讲当天，只是匆忙进行了两次排演；上台演讲时，尽管留给我们小组的时间最少，我们还是比较出色地完成了任务，这也得益于大家的配合吧。

现在，我把 QQ 状态也改成了“这是一个 Presentation 的季节”，还是很珍惜这样的锻炼机会，让我看到了多种思维的碰撞，各取所长，也锻炼了自己的能力。

后记：那一抹人生的亮彩

倪　彤

静坐凝想，只希望那一抹人生的亮彩能始终如一……

时常会想念得州的生活，得州人热情的拥抱，偶尔会让人透不过气，可是温暖得叫人忘却苦恼，消除疲惫，心中的阴霾一扫而光。那记忆中随时可以点播的或激昂，或艰辛，或欢欣，或哀伤的镜头便一一涌现在眼前，因为它们都或深或浅地铭刻在心中……

仔细一数，回到国内已经七个多月了，而现在，2011 年的落幕也进入了倒计时。在过往的时间里，我们努力奋战着国家公务员考试，孜孜不倦地完成规定课业，转而迎战毕业论文……只是偶尔，我会翻看赴美访学生活中的一张张照片，一段段视频，每一个景致、每一幕场景都讲述着生动的故事，蕴涵着背后的况味，我拾掇着过往的美好，然后憧憬，下一站，哪里停靠。

依稀记得在团队的归国报告上，主讲同学们娓娓道出的“家和万事兴”的故事展现了团队赴美访学 10 个月的酸甜苦辣，那是中国留学生的求学足迹，是警院学子忠诚严谨的养成作风，更是中国预备警官们的昂扬风采。在那一片土地上，我们体味着中西方文化的碰撞，火花灵感，交互点缀；体验了美国的社区警务工作，“软硬兼施”，以民为本；融入在美国大学的学术氛围，科学严谨，注重实践；参与到小镇人们的日常生活，平凡悠然，知足常乐；感受着全民的体育精神，激情四射，魅力多姿……在“输入”的同时，我们也精心举办以“印象中国”为主题的中国电影沙龙，组织面向国际学生的“中国之夜”，传播衣食住行中的中国文化，举行红红火火的新年派对，在异国他乡欢度年味儿十足的除夕之夜……贡献绵薄之力，成为民间的文化宣传使者。这一切，无一不勾勒出我们丰富多彩的留美生活，填充的，是我们在学院本科生论文年会上斩获全奖的学术成绩；酝酿的，是我们在社区警务中交流的警务心得和体验的实践经历。逐渐意识到10个月的赴美访学生活，不但使我们增强了独立自主的能力，更让我们在做人做事方面得到了历练，潜移默化中，在原有的知识框架和处世视野中培养了另一种思维，融入了另一种行为模式，对今后的职业、学习和生活，都将获益匪浅。

回到国内，男生们之前锻炼得强壮的身体依旧健硕，女生们原先晒得黝黑的皮肤却是恢复了白皙，时间终究会将那抹亮彩刻画在我们身上的烙印一点点抹淡吗？还是以另一种方式为我们珍藏了亮彩的光辉？我想，不变的是这一张张依旧青春昂扬的笑脸，这一份份属于我们共同分享的青春回忆，有同甘共苦的坚定，有意气风发的斗志，有牢不可破的师生情谊，有欢聚离别拥抱的温存……带着这些自信和珍藏，新的征途即将起程，我们将要各自走上实习工作岗位，真正投身到中国警务实践中去，这也是我们每个预备警官的使命，坚定的信念扎根在我们心中，时刻鞭策我们在前进的道路上再造辉煌！